大文科专业汉语
综合教程（上）

CHINESE FOR LIBERAL ARTS: INTEGRATED COURSE (I)

主　编◎翟　艳
副主编◎韩玉国
编　者◎别红樱　杨慧真
贾　卉　丛　琳
李耘达

北京语言大学出版社
BEIJING LANGUAGE AND CULTURE UNIVERSITY PRESS

图书在版编目（CIP）数据

大文科专业汉语综合教程．上册 / 翟艳主编．-- 北京：北京语言大学出版社，2017.12（2025.3 重印）
ISBN 978-7-5619-4937-5

Ⅰ．①大… Ⅱ．①翟… Ⅲ．①汉语－对外汉语教学－教材 Ⅳ．① H195.4

中国版本图书馆 CIP 数据核字（2017）第 175937 号

大文科专业汉语 综合教程（上）
DAWENKE ZHUANYE HANYU ZONGHE JIAOCHENG (SHANG)

排版制作：北京创艺涵文化发展有限公司
责任编辑：徐 雁 王巧燕
英文编辑：侯晓娟
责任印制：邝 天

出版发行：北京语言大学出版社
社 址：北京市海淀区学院路 15 号，100083
网 址：www.blcup.com
电子信箱：service@blcup.com
电 话：编辑部 8610-82303647/3592/3395
国内发行 8610-82303650/3591/3648
海外发行 8610-82303365/3080/3668
北语书店 8610-82303653
网购咨询 8610-82303908
印 刷：北京市金木堂数码科技有限公司

版 次：2017 年 12 月第 1 版 印 次：2025 年 3 月第 5 次印刷
开 本：787 毫米 × 1092 毫米 1/16 印 张：14
字 数：207 千字
定 价：49.00 元

PRINTED IN CHINA
凡有印装质量问题，本社负责调换。售后 QQ 号 1367565611，电话 010-82303590

总前言

“来华留学生专业汉语学习丛书”分为科技、医学、文科和经贸四个大的门类，专为有志攻读学士学位的来华留学生预科生而设计编写。文科专业汉语系列教材是其中的文科部分（不包含经贸专业），含《大文科专业汉语　综合教程》《大文科专业汉语　听说教程》《大文科专业汉语　读写教程》三个分册，适用于学习文、史、哲等相关专业的预科留学生以及相当水平的汉语学习者。

本套教材旨在通过语言、文学、历史、法律、外交等专业相关内容的教学，教授包含专业词汇和句式的专业基础知识，训练学生专业汉语阅读、听记的策略和技巧，培养学生的专业学习能力和适应力，为其进入我国高等学校进行专业学习打下良好的基础。

一、教材性质

作为汉语预科教育的特色课程，文科专业汉语是从通用汉语课程学习向本科专业课程学习的过渡课程，它从通识教育与人文教育的角度介绍专业基本知识和概念，引入专业基础词汇，传授中国传统文化，培养学生基本的人文知识和素养，训练汉语听、说、读、写各项技能。从本质上来说，这是一套有特定教学对象、特定教学内容，目标明确，方法有针对性的专门用途汉语教材，属于具有一定专业导向的语言类课程教材而非专业课程教材。

二、编写理念

教材编写的总原则是体现汉语作为获取知识的工具性，体现预科阶段的过渡性和搭桥作用，培养学生的专业汉语综合能力。学习此教材，有助于学生达到以下目标：

1. 习得专业语言知识

理解并运用专业词汇构词法，如常用语素、缩略语形式等，文言句式、修辞等较为典型的书面语表达以及语篇知识，理解并适应正式语体的文本材料。

2. 获取专业基础知识

了解相关学科领域的入门知识、基础专业词汇，形成对专业的初步认知，积累从事专业学习所需的人文知识，具备相应的人文素养。

3. 掌握专业学习技能

具备以文本理解为基础的专业学习能力，具体表现为相应专业的听、说、读、写技能，适应专业文本的正式语体表达，适应以教师讲授为主要方式的课堂学习，适应通用汉语的顺应性思维向专业学习的批判性思维的转变。

4. 构建积极的学习意识和策略

了解中国国情、文化与社会生活，理解汉语言文化特有的情感态度、价值观念和思维模式，具备良好的文化意识；掌握较为完备的专业学习策略，形成良好的学习习惯。

三、教材特点

本套教材采用以专业汉语综合为主体，专业汉语听说与读写为两翼的编写模式，分别对应综合、听说和读写三门专业汉语课程。综合教程注重知识学习与技能培养的平衡发展，听说教程、读写教程突出更为专门、细致的专业语言技能训练。三个分册形成既相对独立又相互配合的关系。其特点如下：

1. 主题的配套性

主题内容关联和互补。教学内容涉及哲学、法学、教育学、文学、历史学、艺术学 6 大学科门类，覆盖了中国语言文学、哲学、法学、教育学、社会学、民族学、马克思主义理论、公安学、体育学、外国语言文学、新闻传播学、历史学、艺术学理论、戏剧与影视学、美术学和设计学等专业类。依据教育部来华预科生的专业分布数据，为最大限度、最大范围地满足预科生热点专业的学习需求，上述专业类以不同的体量在三部教材中出现，既有一致的主题，又有独立的选材范围和选材角度，强调内容的多样性和丰富性。

2. 专题内容的渐进性

以专题为纲，在专题之下尽量实现知识、技能与功能意念的结合以及难度的提升。课文内容一般从预科生易于理解的生活现象出发，进入对专业知识的理解与阐释，最后上升到知识的活用、概括与评价，体现出层层递进的特点。

3. 编写体例的模块性

以教学环节为编教线索，每个教学环节体现为教材的一个模块，划分清楚，目标明确，既有利于学生的学，也有利于教师的教。每本教材均由必选模块和可选模块组成，形成知识的拓展和难度的提升，保证了一般学生的正常学习，也为中高级水平学生的深入学习提供了空间。

4. 技能训练的侧重性

着眼于未来学习的需要，技能训练突出了预科的特点和要求，强调听和读，兼顾说和写。具体要求如下：

听：重点训练和培养学生上大课时汉语听记的策略和技能。通过模拟真实课堂的场景片段，训练学生在语流中抓住要点，记课堂笔记，培养边听边记、听后整理笔记的能力。

读：重点训练和培养学生对专业文献的阅读适应能力。在跨越障碍、猜测词义等基础语言阅读能力的基础上，发展和提高在语段和语篇中检索信息、快速跳读、概括提炼等与专业阅读直接相关的阅读能力。

说：重点训练和培养学生就基础专业知识和相关话题阐述个人观点、与他人交流并讨论的口头表达能力。如课堂提问、转述、陈述等在学习场景下的较为正式、得体的口语表达；开始话题、引入话题、改变话题、结束交谈等交际策略和说话技巧；总—分—总、如何提出问题、如何提供证据等篇章表达框架。

写：重点训练和培养学生笔头答题能力、总结与报告的写作能力。如做课堂笔记、针对主观题的大语段回答、写读书小报告等。

5. 教学方法的多元化

进入新世纪，汉语教学呈现多元发展、创新发展的大好形势，语言习得研究、第二语言教学理论和教学方法的研究有许多新的进展。任务型教学、主题式教学、体验学习、做中学的理念深入人心，并指导了教材的编写。沉浸式教学常用的学科学习方法也在本教材中有一定体现。采用原汁原味的文本，用汉语去解读概念，使用的是内容教学法的一般做法。教材的练习形式也采用了一些教育部国家留学基金管理委员会（以下简称“基金委”）全国统考的题型。在整体设计上，始终将能力的培养放在首位，更多强调对学习者学习动机的激发、学习潜能的挖掘、学习机会的创造和学习行为的指导，因势利导、循序渐进，促进学生融会贯通、创造表达。

四、教材基本内容的确定

本套教材的核心要素为词汇、语言点、功能项目，编写时参考了常用、经典的手册与大纲。

依据基金委《中国政府奖学金来华本科留学生预科教育教学大纲——基础汉语、专业汉语（2015 版）》，确定了教材的词汇量、语言点和主题内容，基金委《基础汉语词汇大纲》和《基础汉语语法大纲》中涵盖的内容不收入其中，但是收入了 HSK 四级及五级词汇。专业术语部分参考了相关专业的概论性教材，语言、文学、历史、法律、国际关系与国际政治等专业邀请专业教师各提供了200多个常用词汇，也部分参考了英文的专业术语词典，在此基础上做了筛选。功能项目参考了《高等学校外国留学生汉语言专业教学大纲（附件二）》《高等学校外国留学生汉语教学大纲（长期进修）》《对外汉语教学中高级阶段功能大纲》，侧重于专业文本中常见的书面语表达功能点，所列项目基本可以满足预科生的专业阅读需求和课堂口头表达需要。

对应《欧洲语言共同参考框架》和HSK考试大纲标准，确定了教材的起始点为B2水平和HSK四级水平。

五、特别期待

新时期新要求下，预科专业汉语教材编写与教学实施仍处于起步阶段，是汉语国际教育学科的新领域，对此，我们有着格外的期待。

第一，“立足于教材而不拘泥于教材”，教师对文科专业汉语的认识与实践能够补全教材的不足，凸显专业汉语课课程特色。希望教师在教学中思考和探索适用于专业汉语的教学方法与技巧，形成创新。

第二，不同于通用汉语教学，专业汉语教学格外强调“语言是获取知识的工具”。希望教师在教学中能充分引导学习者通过语言达成对内容的理解，在此基础上形成对专业文本语体的认知，尽量回避对专业内容的讲解、分析，将语言能力的提升放在首要位置。

第三，专业汉语课的定位仍然是语言课，更多地着力于词语类型、语言样式、语体风格相较于通用汉语的不同与变化，学习者对此应充分了解并树立语体意识，在此基础上能够将专业基础知识与现实生活中的相关现象联系起来，树立良好的专业意识。

六、编写过程与鸣谢

本套教材是在基金委来华部刘京辉秘书长、李彦光主任、陈琳主任的关心和支持下，在北京语言大学出版社总编辑张健博士、对外汉语教育事业部陈维昌博士的统筹规划下，在各位主创人员的积极努力下编写完成的，也得到了预科兄弟院校的大力配合。

2014年1月，自北京语言大学预科教育学院成立，北京语言大学出版社和我院迅速组建了强有力的出版与编写两套人马，开始了紧锣密鼓的工作。定期召开工作会，确定工作方案和流程，进行深入的调查与研究，反复讨论编写体例和样课，字斟句酌地修改选文内容，数易其稿。期间责编王巧燕女士做了大量基础性工作，为我们提供了选词与大纲词表和HSK词汇对照表，筛选词汇，并承担了联络与协调工作。

2015年2月初稿完成，南京师范大学、华中师范大学和北京语言大学分别进行了试用。2015年7月，在全国来华预科工作会上，三家单位分别提供了详细的修改意见，就教材与考试情况进行了讨论。随后，我们结合各单位的使用反馈，对书稿进行了大幅修改。2016年2月，三家单位再次分别试用了修改稿。2016年6月，微调后，统稿付梓。

文科专业汉语系列教材的问世归功于基金委、北京语言大学出版社、北京语言大学预科教育学院和各兄弟院校的通力合作，构建了一个新的教材编写运行模式。谨向以上人员表示衷心的感谢！

本系列教材的编写人员不计回报、辛勤工作，付出了极大的心血，在此也向他们表示诚挚的谢意！

编者的分工如下：

别红樱，《综合教程》第3单元、第7单元、第12单元、第13单元
《读写教程》；

张　军，《听说教程》；

杨慧真，《综合教程》第1单元、第4单元、第8单元、第14单元、第15单元；

贾　卉，《综合教程》第2单元、第6单元、第9单元；

丛　琳，《综合教程》第5单元、第10单元；

李耘达，《综合教程》第11单元。

限于水平，本书有任何粗疏和不当之处，敬请批评指正！

翟艳　韩玉国

2016年12月

使用说明

《大文科专业汉语 综合教程》是“来华留学生专业汉语学习丛书·文科专业汉语系列”的主干教材，与《大文科专业汉语 听说教程》《大文科专业汉语 读写教程》配套衔接。

一、适用对象

完成一学期基础汉语学习，掌握1200个通用汉语词汇，准备进入文科类各专业学习的来华留学生预科生。

二、教材内容

全书分上、下两册，共15个单元。主要内容有：

1. 专题

涉及18个文科专业类中的10个。据统计，除历史和哲学专业外，学习汉语言、文学、法学、教育和艺术等专业的来华留学生均超过5000人，全书选题及各专题的占比与上述数据基本对应。内容重在反映专业的基础知识、专业视角下的当代中国社会、传统文化的精华，具体如下：

汉语言3个单元，分别为第1单元《汉语的特点》，第4单元《汉字的造字方法》，第8单元《谐音文化》；

历史2个单元，分别为第2单元《丝绸之路——文明的桥梁》，第6单元《司马迁与〈史记〉》；

法律3个单元，分别为第3单元《新〈中华人民共和国老年人权益保障法〉》，第7单元《著作权》，第12单元《法律与守法》；

教育1个单元，第5单元《高考》；

哲学1个单元，第9单元《老子的道家思想》；

外交1个单元，第10单元《中国的外交政策》；

艺术1个单元，第11单元《功夫片与中国电影》；

国际关系1个单元，第13单元《国际关系与国际关系学》；

汉语言文学1个单元，第14单元《中国四大名著》；

新闻1个单元，第15单元《新闻的价值》。

2. 词汇

词汇由“通用词语”“专业术语”和“专有名词”三部分组成，共收通用词语540个左右，专业术语190个左右，专有名词50个左右。HSK四级1200词不纳入本书生词表。

3. 书面词语与格式

语言点以“书面词语与格式”的形式出现，每课在5个左右，总计75项。分为3类，按照所占比例的高低依次为：文体语块/高频格式（33项），占44%；书面语词汇（33项），占44%；复杂关联词语（9项），占12%。语块包括体现文言风格的框式结构，如“称……为……”“为……所……”，以及高频搭配。书面语词汇体现正式和典雅的文体风格，复杂关联词语是语篇学习的内容之一，对于理解文本内容的逻辑关系、语段与语篇的构成起重要作用。

4. 功能

参考了《高等学校外国留学生汉语言专业教学大纲（附件二）》《高等学校外国留学生汉语教学大纲（长期进修）》《对外汉语教学中高级阶段功能大纲》等功能大纲，考察了相关二级学科专业语料的常见功能表达和相应的语言形式，以此确定了体现书面语体色彩的高频功能项目30类，如话题类、定义类、举例、列举、分类、引述、概括、比较、说明、描写、论证、行文层次等。列出了常用的表达方式，如定义类的就有“……叫作……”“……又称……”“……指的是……”等，配合练习，训练学生的书面和口头表达。

三、各单元内部构成

每单元按照实际教学安排分为“学习目标”“1—2学时”“3—4学时”“5—6学时”4个模块。其中，“1—2学时”和“3—4学时”为必选模块，主要由热身、词语学习和课文构成。“5—6学时”为可选模块，主要是对每单元所授知识的综合运用。

“1—2学时”中的课文1是所在单元专业内容的导入，多为案例式文章，具有一定的专业启发性和讨论性，语体风格接近通用汉语；“3—4学时”中的课文2侧重专业性，介绍相关概念或基本内容，语体风格为书面语；综合运用模块基于课文1与课文2的内容，侧重专业知识的应用和语篇功能表达。单元编写体例、内容及功能如下表所示：

模　块	具体内容	功　能
学习目标	1. 了解专业知识 2. 掌握专业术语 3. 使用书面词语与格式 4. 进行功能表达	提示、概括本单元学习重点、要点，形成学习自觉性
1—2学时	1. 热身 2. 词语学习 3. 课文1 听前任务 理解课文 学习书面词语与格式 总结与评论	基于案例，从常识、通识角度引入专业内容
3—4学时	1. 热身 2. 词语学习 3. 课文2 读前任务 理解课文 学习书面词语与格式 总结与评论	主课文，专业性、概述性、专业基础性较强
5—6学时	1. 专业术语运用 2. 语篇与功能 3. 交际与写作 4. 活学活用 5. 扩展阅读	针对课文1、课文2的专业内容进行总结与复练；活学活用；分析评价
学习总结	1. 我了解到的专业知识 2. 我能够运用的新词语 3. 我能够运用的新格式 4. 学了这一单元，我的收获是 5. 我对这一单元学习的满意度及原因	促进学习自认知，培养学习策略与习惯，训练总结与概括能力

四、教学建议

每单元的教学用时设计为6课时。下面就教材体例，介绍一下教学过程与方法，供师生参考。

1. 学习目标

本模块的功能为提示、概括本单元的学习内容、学习重点，要求学生提前了解。

2. 第1—2学时

（1）热身

激活知识图式。可通过问答、选择等形式切入专业主题。

（2）学习词语和词语练习

词语部分要求做到：发音准确，熟记生词，在字形与意义之间建立联系，联系课文的重点句进行操练；掌握汉语词汇的构词规律，有语素意识，能根据语素义猜测词义，或写出包含该语素的已知词语；做选词填空时能根据语法结构和语义要求，选择正确的词语。

（3）课文1与听前任务

课文1以听的方式导入，学生要带着问题听，完成相应练习。针对课文的练习侧重于理解，学生应能口头回答问题，学习分析文章结构，能概括大意，部分段落要求熟读和复述，按照提示结构能就课文内容进行叙述或者讨论。

（4）学习书面词语与格式

对书面词语或格式的形式、语义和用法进行必要的说明，让学生熟悉词语搭配或句法形式。练习多为认知型、理解型、机械型、生成型练习，要求学生完成练习并做到基本正确。

（5）总结与评论

对课文内容的概括与讨论，注意挖掘其中包含的专业思想和原理，启发学生关注类似的现象。

3. 第3—4学时

（1）热身

同1—2学时。激活知识图式。可通过问答、选择等形式切入专业主题。

（2）学习词语和词语练习

同1—2学时。注意专业术语部分。有的词语需要放到文本中、在一定的语境中理解。重点词语直接给出三个例句，可要求学生朗读，启发学生分析词的用法，如搭配、词性、语法功能。

（3）课文2与读前任务

课文2偏难，以读的方式导入，读前任务多为框架性粗线条问题，学生要带着问题阅读，培养抓大意、关键句的能力。阅读理解的重点是专业词语和专业知识，如概念、定义等。重点段落要求熟读或抄写。

（4）学习书面词语与格式

同 1—2 学时，不再赘述。

（5）总结与评论

同 1—2 学时，不再赘述。

4. 第 5—6 学时

（1）专业术语运用

要求学生一方面能够熟记专业术语，完成选词填空练习，另一方面能运用多种学习资源，查找相关概念，并能向同伴或教师解释，此部分旨在培养学生的动手能力。

（2）语篇与功能

阅读例句，理解常用功能的表达形式，完成练习。“语义匹配”练习需要学生选择语法、语义都恰当的短语填充句子。

（3）交际与写作

就给出的议题，要求学生运用论说性的表达框架进行口头表达，书写一定字数的段落。

（4）活学活用

多为一个包含该单元专业知识的短文，需要学生阅读后，用所学的知识进行分析。

（5）扩展阅读

是对该单元专业知识、原理、概念的拓展性学习，可能从不同角度进行阐释，也可能是一个有代表性的或有争议的事例。学生应开展自主学习，建构自己的价值观和批判性思维能力。为方便学生检索、查找，阅读文本右侧附有文本中的生词及其拼音，专业术语右侧加“*”标出。

（6）学习总结

学生对该单元的学习情况进行自主评价。

由于水平有限，教材中一定存在不当粗疏之处。希望教师能创造性地使用，丰富我们对专业汉语教学的认识并多提宝贵意见！

编者

2016 年 12 月

目　录

第一单元 Unit 1

汉语的特点 Characteristics of Chinese

学习目标 Learning Objectives

1. 了解专业知识：汉语的基本特点
2. 掌握专业术语：复辅音、音节、元音、声调、语素、词组、词序、虚词
3. 使用书面词语与格式：于是
   A……，（而）B 却……
   名词 + 上
   跟……相比
   以……为……
4. 进行功能表达：举例：如 / 例如 / 比如 / 比如说
   罗列（1）：首先……，其次……，第三（最后）……/
   第一……，第二……，第三（另外）……/
   一来……，二来……，三来……

1—2 学时 Class Hours 1—2

热身 Warm-up

1. 你在学习汉语时，出过什么样的错误？举例说一说。
2. 下面几个句子正确吗？如果不对，说出哪儿错了。
（1）扔（rēng）死（sǐ）你恨（hèn）高兴。
（2）A：你买的包子多少钱一个？
B：五手！
（3）昨天我买了一些杯子、盘子和碗子。
（4）我来中国已经三个年了。

词语学习 Vocabulary Learning

通用词语 Common Words

1-1

	生词	拼音	词性	释义
1.	闹笑话	nào xiàohua		to make a fool of oneself
2.	媳妇	xífu	名	wife (*colloquial expression*)
3.	西服	xīfú	名	suit, Western-style clothes
4.	谦虚	qiānxū	形	modest
5.	人民	rénmín	名	the people
6.	建设	jiànshè	动	to build, to construct
7.	农业	nóngyè	名	agriculture, farming
8.	婚礼	hūnlǐ	名	wedding ceremony
9.	称赞	chēngzàn	动	to praise, to commend
10.	新娘	xīnniáng	名	bride
11.	新郎	xīnláng	名	bridegroom

专业术语　Professional Terms

1-2

	生词	拼音	词性	释义
1.	语音	yǔyīn	名	speech sound
2.	汉字	Hànzì	名	Chinese character
3.	语义	yǔyì	名	semantics
4.	发音	fāyīn	名	pronunciation
5.	字形	zìxíng	名	character form
6.	多音字	duōyīnzì	名	polyphonic character

专有名词　Proper Nouns

1-3

	生词	拼音	释义
1.	麦克	Màikè	Mike
2.	大卫	Dàwèi	David
3.	汤姆	Tāngmǔ	Tom
4.	玛丽	Mǎlì	Mary

词语练习　Vocabulary Exercises

1. 朗读并查找：朗读生词表中的生词，并在课文中画出这些生词。
   Read and search: Read aloud the new words in the vocabulary list and circle these words in the text.

2. 生词连线：写拼音，连英文。
   Matching: Write down the *pinyin* of the new words and match them with the English explanations.

闹笑话	nào xiàohua	modest
谦虚	________	agriculture, farming
建设	________	bridegroom
农业	________	to build, to construct
婚礼	________	to make a fool of oneself
新郎	________	wedding ceremony
称赞	________	to praise, to commend

3. 词语扩展：读一读下面的扩展形式，再写出两个。
Vocabulary development: Read the expanded forms of the words and write two more.

（1）语－ ——语音　语义　______　______

（2）新－ ——新郎　新娘　______　______

（3）－业 ——农业　工业　______　______

（4）称赞 ——称赞学生　称赞他的画儿　______　______

（5）建设 ——建设国家　经济建设　______　______

4. 选词填空：读一读给出的生词，并选择合适的放在下列句子中。
Blank filling: Read the new words given and put the right ones in the following sentences.

闹　西服　媳妇　称赞　婚礼　人民

（1）昨天我在商店买了一套______。

（2）刚学汉语时，我______了不少笑话。

（3）下个星期我们要去参加朋友的______。

（4）老师______他汉字写得很漂亮。

（5）听说你______是个美国人。

课文 1 Text 1

听前任务 Pre-Listening Task

听课文，尽可能多地记录课文中出现的笑话，听后与同学讨论并互相补充。

自己记录的	同学补充的

学汉语的小笑话

1-4

外国人学汉语，语音、汉字、语义，哪一点学不好，都会闹出笑话。让我们来看看下面几个人的故事。

麦克刚开始学汉语，他的发音不太好。有一次，他告诉朋友："我的媳妇（西服）在包里。"

大卫跟朋友聊天儿，说到中国的文化，他表示，虽然中国人很谦虚，但有时也很骄傲。比如，现在大街上到处都可看到——"中国人民很行""中国建设很行""中国农业很行"，有的还是"中国很行"。说完，他往外面一指。原来，他指的是一家银行。"银"的字形跟"很"差不多，"行"是多音字，除了 xíng，还读 háng，大卫没分清楚。

几个中国朋友请汤姆吃饭。吃饭时，一个人说"我去方便一下"。汤姆不明白，大家告诉他，"方便"就是"去厕所"，于是他记住了。一天，一个女孩子给汤姆打电话："希望在你方便的时候，我到你家做客。"汤姆听后，马上回答："不！不！你什么时候都可以来，但在我方便的时候不要来。"

玛丽参加中国人的婚礼。她很有礼貌地称赞新娘漂亮，而新郎却谦虚地说："哪里，哪里。"玛丽觉得很奇怪，认真地想了想说："新娘的眼睛、鼻子、嘴，都很漂亮啊！"

现在你也在学习汉语，你闹过这样的笑话吗？

理解课文　Comprehension of the Text

1. 根据课文内容，说说下面的几种错误出在哪儿。
   Discuss why the following sentences are wrong based on the text.

（1）我的媳妇在包里。

（2）中国人民很行。

（3）我方便的时候不要来。

（4）新娘的眼睛、鼻子、嘴，都很漂亮啊！

2. 根据课文内容判断正误。
Decide whether the following statements are right or wrong based on the text.

（1）麦克想说他的西服在包里。（　）
（2）中国人有时很骄傲，总是说自己“很行”。（　）
（3）“方便”有“去厕所”的意思。（　）
（4）汤姆不喜欢别人去他家做客。（　）
（5）新郎很想知道他的新娘哪儿漂亮。（　）

3. 给下列病句归类，并将题号填在下方的括号里。
Classify the following wrong sentences and put their numbers in the brackets.

语音	语义	汉字	词汇
（　）	（　）	（　）	（　）

（1）今天我们十二点吃牛饭。

（2）A：服务员，睡觉多少钱？

B：睡觉？

A：是的，我最喜欢吃睡觉。

B：哈哈，“水饺”五元一两。

（3）A：听说你当爸爸了。

B：是啊，我的儿子前天出生了。

A：祝贺祝贺！

B：哪里哪里，不敢当。

（4）A：请用“积累”造个句子。

B：我的爸爸是个商人，积累了很多财富。

C：李老师是个好老师，积累了很多经验。

D：他是个花心的男人，积累了很多女朋友。

学习书面词语与格式　Learn the Formal Words and Structures

1. 汤姆不明白，大家告诉他，“方便”就是“去厕所”，**于是**他记住了

“于是”，连词，表示后一事承接前一事，后一事往往是由前一事引起的。可以用在主语后。例如：

① 汤姆很喜欢中国文化，于是他来到了中国学习汉语言文化专业。

② 在老师的帮助下，同学们决定组织起来，于是一个学习小组成立了。

③ 大家都鼓励我，我于是又有信心了。

练一练：用“于是”完成句子。
Complete the sentences using “于是”.

（1）听说这所学校非常好，______________________________。

（2）我对汉语很感兴趣，______________________________。

（3）朋友给我推荐了一家好吃的饭馆，______________________。

（4）老师说下星期学校要举办太极拳学习班，________________。

2. 她很有礼貌地称赞新娘漂亮，**而**新郎**却**谦虚地说：“哪里，哪里。”

“A……，（而）B 却……”表示转折，强调 A 和 B 的不同，“而”可以省略不用。例如：

① 大家都说这家饭馆的菜好吃，而我却觉得味道很一般。

② 年轻人喜欢穿流行服装，中年人却喜欢穿适合自己的衣服。

③ 他觉得汉语很枯燥，而我却觉得汉语很有意思。

练一练：用“A……，（而）B 却……”改写句子。
Rewrite the sentences using “A……，（而）B 却……”.

（1）哥哥喜欢运动，弟弟不喜欢运动。

____

（2）我的朋友想去美国留学，我想到中国学汉语。

____

（3）春天的时候，中国北方很少下雨，南方经常下雨。

____

（4）我很爱他，我的父母不喜欢他。

____

总结与评论 Review and Comment

1. 概述与总结 Summarize and review

（1）课文中说了几个学汉语时闹出的笑话？

（2）这些笑话分别属于哪一类错误？

（3）用自己的话讲讲这几个小故事。

2. 思考与表达 Think and express

你在学汉语时闹过笑话吗？是什么笑话？你知道错误出在哪儿吗？你怎么对待学汉语时出现的错误？

3—4 学时　Class Hours 3—4

热身　Warm-up

1. 学习汉语时，你觉得哪部分最难？
2. 你能从不同方面比较一下汉语和你的母语吗？

词语学习　Vocabulary Learning

通用词语　Common Words

1-5

	生词	拼音	词性	释义
1.	人类	rénlèi	名	human, mankind
2.	交际	jiāojì	动	to communicate
3.	工具	gōngjù	名	tool
4.	构成	gòuchéng	名	constituent
5.	要素	yàosù	名	element
6.	现代	xiàndài	名	modern times
7.	整齐	zhěngqí	形	orderly, neat
8.	界限	jièxiàn	名	boundary, limit
9.	升	shēng	动	to rise, to ascend
10.	形成	xíngchéng	动	to form
11.	基本	jīběn	形	fundamental, basic
12.	形式	xíngshì	名	form
13.	目	mù		eye
14.	简化	jiǎnhuà	动	to simplify
15.	表达	biǎodá	动	to express, to indicate
16.	意义	yìyì	名	meaning
17.	方式	fāngshì	名	way, method
18.	相似	xiāngsì	形	similar

专业术语 Professional Terms

1-6

	生词	拼音	词性	释义
1.	词汇	cíhuì	名	vocabulary
2.	复辅音	fùfǔyīn	名	consonant cluster
3.	音节	yīnjié	名	syllable
4.	辅音	fǔyīn	名	consonant
5.	元音	yuányīn	名	vowel
6.	声调	shēngdiào	名	tone
7.	语素	yǔsù	名	morpheme
8.	单音节	dānyīnjié		monosyllable
9.	双音节	shuāngyīnjié		disyllable
10.	词组	cízǔ	名	phrase
11.	量词	liàngcí	名	measure word
12.	数词	shùcí	名	numeral
13.	名词	míngcí	名	noun
14.	词序	cíxù	名	word order
15.	虚词	xūcí	名	function word

词语练习 Vocabulary Exercises

1. 读例句，学生词：朗读下面词语的用例，思考这些词语的用法。

Read and learn: Read aloud the example sentences of the following words and think about the usage of these words.

（1）交际

① 口语交际能力是非常重要的。

② 他不善于交际。

③ 语言是人类的交际工具。

（2）整齐

① 他的东西放得很整齐，一点儿也不乱。

② 实验室里的设备整齐地排列在一起。

③ 他把新买的书都整整齐齐地摆在了书架上。

（3）形成

① 过了一个学期，我们班形成了互相帮助的良好风气。

② 在这里，传统与现代形成了鲜明的对比。

③ 老师应该帮助学生理解课文，并让学生形成自己的观点。

（4）基本

① 多听、多说、多练是学习语言的基本方法。

② 这些就是我的基本观点。

③ 构成教育的基本要素有：教育者、教育内容、教育对象、教育手段。

（5）简化

① 今年我们学校新生的报到手续简化了很多。

② 我们现在学习的汉字都是简化汉字。

③ 为了方便群众，他们简化了办事程序。

（6）表达

① 只有多说，才能提高学生的口语表达能力。

② 文章应该表达自己的真实感情。

③ 这种感受非常复杂，很难用语言来表达。

（7）方式

① 东方人跟西方人的生活方式不同。

② 我很喜欢这种工作方式。

③ 批评别人时要注意方式。

（8）相似

① 他们兄弟俩的性格、兴趣都有些相似。

② 这两个词读音相似，意思却完全不一样。

③ 这两种植物有相似之处，也有不同之处。

2. 词语扩展：读一读下面的扩展形式，再写出两个。

Vocabulary development: Read the expanded forms of the words and write two more.

（1）–类 —— 人类　鸟类　______　______

（2）–词 —— 名词　量词　______　______

（3）工具 —— 交通工具　交际工具　______　______

（4）现代 —— 现代汉语　现代文学　______　______

（5）意义 —— 人生的意义　语法意义　______　______

3. 选词填空：读一读给出的生词，并选择合适的放在下列句子中。

Blank filling: Read the new words given and put the right ones in the following sentences.

工具	简化	界限	升	方式	词汇

（1）这样做太复杂了，能______一下吗？

（2）语言是人们交流思想的______。

（3）这本书的______表在最后边。

（4）太阳每天早上从东方______起。

（5）我不太喜欢他说话的______。

4. 选词填空：选择合适的专业术语填空。

Blank filling: Choose the right terms to fill in the blanks.

元音	声调	单音节	双音节	名词	数词	量词	词组	复辅音

（1）英语 spring 中的 spr 是______。

（2）“日”是______词，“太阳”是______词。

（3）“bǎ”这个音节中，“a”是______，“ˇ”是______。

（4）“打扫干净”是一个______。

（5）“一张桌子”中，“一”是____，“张”是____，“桌子”是____。

课文 2 Text 2

读前任务　Pre-Reading Task

课文主要介绍了汉语哪些方面的特点？

汉语的特点

1-7

语言是人类最重要的交际工具。从构成上说，世界上所有的语言都有语音、词汇、语法三大要素。世界上每个民族都有自己的语言，汉语是汉民族的语言。跟其他语言相比，汉语有自己的特点。

语音方面，首先，现代汉语的语音没有复辅音，因此，音节比较整齐，音节之间的界限比较清楚。其次，音节中可以没有辅音，但是不能没有元音。第三，每个音节都有声调，而且声调有高低升降的变化，形成一种音乐美。

词汇方面，第一，汉语语素以单音节为基本形式。第二，双音节词比较多。过去的单音节词有的变成了双音节词，如“目——眼睛”。多音节词组也往往可以简化为双音节词，如“北京大学——北大”。第三，量词十分丰富，数词和名词结合时，一般都需要在数词后面加个量词。

语法方面，词序和虚词是表达语法意义的主要方式。例如“我打了他”跟“他打了我”意思不同。“我和弟弟到过上海”“我的弟弟到过上海”两个句子中，虚词“和”与“的”表示了不同的语法关系和不同的意思。

汉语跟其他语言有相似的地方，也有不同的特点。只有了解了汉语的特点，才能更好地学习汉语。

理解课文 Comprehension of the Text

1. 边读边填：读课文 2 第一段，完形填空。
Read and fill in the blanks: Read Paragraph 1 of Text 2 and then fill in the blanks.

语言是人类最重要的______。从构成上说，世界上所有的语言都有______、______、______三大要素。世界上每个______都有自己的语言，汉语是______的语言。跟其他语言相比，汉语有自己的______。

2. 边读边找：读课文 2 第二、三、四段，完成下面的表格。
Read and search: Read Paragraphs 2—4 of Text 2 and complete the table below.

汉语语音的特点是	①音节：
	②元音、辅音：
	③声调：
汉语词汇的特点是	①语素：
	②双音节词：
	③量词：
汉语语法的特点是	

3. 框架复述：熟读课文 2 第 5 段，按照提示词复述。
Retell the framework: Read Paragraph 5 of Text 2 with proficiency and retell it based on the hints given.

汉语跟其他语言有……，也有……。只有……，才能……。

学习书面词语与格式 Learn the Formal Words and Structures

1. 从**构成上**说，世界上所有的语言都有语音、词汇、语法三大要素

“名词＋上”指“……方面”，前面常用介词“在、从”。例如：

① 汤姆刚来中国，在饮食上还不太习惯。

② 学校从学习上和生活上都给了我们很大的帮助。

③ 在这个问题上，我们的意见完全一致。

2. 跟其他语言相比，汉语有自己的特点

“跟……相比”表示互相对照比较。也说“与 / 和……相比”。例如：

① 跟老年人相比，年轻人更喜欢在网上购物。

② 跟哥哥相比，弟弟更加好动。

③ 与发达国家相比，我们的差距还不小。

3. 汉语语素以单音节为基本形式

“以……为……”表示“把……作为……”“认为……是……”。“为”后面加形容词时，表示“比较起来怎么样”的意思。例如：

① 我们都以通过 HSK 五级为目标。

② 民以食为天。

③ 我们学校的留学生以韩国人为最多。

练一练

1. 用所给词语或格式完成句子。
Complete the sentences using the words or structures given.

（1）出现错误不能总是埋怨别人，你应该__________________________找找原因。（从……上）

（2）他__________________还不错，但__________________________不太好。（在……上）

（3）__________________________，我更喜欢游泳。（跟……相比）

（4）这个班的学生__________________________。（以……为……）

2. 用所给词语或格式改写句子。
Rewrite the sentences using the words or structures given.

（1）我在中国生活得很愉快，学习方面，不太紧张；饮食方面，我已经

慢慢习惯了中国菜；购物方面，非常方便。（在……上）

____

（2）希望你在工作方式这方面进行改进。（从……上）

____

（3）汉语和英语的一个比较大的差异是，汉语有声调，英语没有声调。（跟……相比）

____

（4）在中国，北方人主要吃面食，南方人主要吃米饭。（以……为……）

____

（5）我们把通过 HSK 四级考试当作最低标准。（以……为……）

____

总结与评论 Review and Comment

1. 概述与总结 Summarize and review

（1）用自己的话说一说汉语的特点。

（2）在汉语的这些特点中，哪一点对你的学习影响最大，为什么？

2. 思考与表达 Think and express

你们国家的语言有哪些跟汉语不同的特点，试着举例说明一二。

5—6 学时　Class Hours 5—6

综合运用 Integrated Use

专业术语运用　Use of Professional Terms

1. 选词填空：读一读给出的专业术语，并选择合适的放在下列句子中。
Blank filling: Read the professional terms given and put the right ones in the following sentences.

量词	音节	虚词	复辅音	多音字	字形

（1）“好”有两个读音，所以是个______。

（2）汉语的语音中没有“dr”这样的______。

（3）“个”是汉语经常使用的______。

（4）“己”和“已”两个字的______很相似。

（5）在汉语中，一般来说，一个汉字就是一个______。

2. 概念速查：通过工具书或网络查一查下面这些术语的解释并写下来。
Look up the terms: Use a dictionary or website to find out the definitions of the following terms, and then write them down.

（1）动词

（2）形容词

（3）副词

（4）介词

（5）连词

语篇与功能　Discourse and Function

常用功能表达

1. 举例：如 / 例如 / 比如 / 比如说

（1）多音节词组也往往可以简化为双音节词，如“北京大学——北大”。

（2）语法方面，词序和虚词是表达语法意义的主要方式。例如“我和弟弟到过上海”“我的弟弟到过上海”两个句子中，虚词“和”与“的”表示了不同的语法关系和不同的意思。

（3）有些问题已经做出了决定，比如招多少学生、分多少班，等等。

2. 罗列（1）：首先……，其次……，第三（最后）……/
第一……，第二……，第三（另外）……/
一来……，二来……，三来……

（1）语音方面，首先，现代汉语的语音没有复辅音，因此，音节结构比较整齐，音节之间的界限比较清楚。其次，音节中可以没有辅音，但是不能没有元音。第三，每个音节都有声调，而且声调有高低升降的变化，形成一种音乐美。

（2）词汇方面，第一，汉语语素以单音节为基本形式。第二，双音节词比较多。过去的单音节词有的变成了双音节词，如“目——眼睛”。多音节词组也往往可以简化为双音节词，如“北京大学——北大”。第三，量词十分丰富，数词和名词结合时，一般都需要在数词后面加个量词。

（3）通过学习、使用电脑，我的体会是：第一，电脑不难学，比想象的容易；第二，年龄大，别着急，只要坚持学习，一定能学会；另外，上了年纪的人最好学那些简单的方法。

练一练

1. 用本单元所学功能表达词语改写句子。
Rewrite the sentences using the words indicating functions learned in this unit.

（1）举例：如

我养过很多小动物：①小猫 ②小狗 ③小兔④小金鱼儿……

____

（2）举例：例如

放松的方法有很多：①打保龄球②唱卡拉 OK ③跳舞④钓鱼……

____

（3）罗列：首先……，其次……，最后……

和父母住在一起的好处是：①省钱②能够互相照顾③孩子有人帮忙照看

____

（4）罗列：第一……，第二……，第三……

我喜欢去菜市场买菜的原因是：①菜很新鲜②品种很丰富③价格比较便宜

____

2. 语义匹配：选择一个正确答案完成句子。
Semantic matching: Choose a right answer to complete each sentence.

（1）养好这种花不容易，温度、湿度、阳光，______控制不好，都会失败。(　　)

A 这一点　　B 那一点　　C 什么点　　D 哪一点

（2）他们在网上认识，聊得很开心，于是______。(　　)

A 他们上网了　　B 他们见面了　　C 他们不了解了　　D 他们高兴了

（3）因为现代汉语的语音没有复辅音，音节之间的界限比较清楚，所以汉语的音节______。(　　)

A 比较整齐　　B 非常漂亮　　C 十分干净　　D 特别缺少

（4）这两个词语有相似的地方，也有______。(　　)

A 相同的地方　　B 复杂的用法　　C 不同的地方　　D 简单的发音

（5）只有具备了明确的目标，才能______汉语。(　　)

A 更好地学习　　B 更快地学习　　C 慢慢地习惯　　D 早早地达到

交际与写作 Communication and Writing

1. 小组讨论：用下面的句式与你的同学就汉语的特点进行讨论。
Group discussion: Discuss the characteristics of the Chinese language with your classmates using the following sentence patterns.

引出话题：请你谈谈……/ 有个问题想问一下……/ 你认为……

初步应答：我觉得……/ 课文中说……

回应观点：要我说呀……/ 我完全同意……/ 我跟你想的有些不同，实际上……

结束话题：因为时间关系，我们先谈到这儿吧 / 你的观点带给我很多启发，非常感谢

2. 写一写：使用“罗列”这一功能的表达词语，写一写你的母语的特点，要求不少于 200 字。

Writing: Write a composition of at least 200 characters to describe the characteristics of your native language, using words that indicate enumeration.

____

____

____

____

____

____

____

____

活学活用 Learn and Use with Flexibility

1. 读下面这几个笑话，完成下面的表格。

Read the following jokes and complete the table.

笑话（一）

老师：汤姆，你的姐姐不是要结婚吗？

汤姆：对啊，她马上就要结婚了。

老师：可你的作业上写着……

汤姆：我的姐姐打算今年出家。

笑话（二）

汤　姆：服务员，我可以给你一个建议吗？

服务员：好的。

汤　姆：你很漂亮，可是你为什么不笑？

服务员：……

汤　姆：你看起来很严重！

笑话（三）

朋友：汤姆，你的太太姓什么？

汤姆：姓魏。

朋友：魏什么？

汤姆：为什么？姓魏还要告诉你为什么？

我发现的语言使用和理解错误	这个错误属于什么方面的错误

2. 社会调查 Social survey

除了课文 2 中提到的汉语的特点，你认为汉语还有什么特点？请调查你的 3 个同学或朋友，听听他们的看法，调查时尽量使用本课学过的交际方法，把大家的看法归纳整理后，写一篇调查报告。

扩展阅读 Extended Reading

汉语句子结构常见的错误

留学生在学习汉语时，常常会出现一些句

子结构上的错误。常见的错误都有哪些？应该怎么避免呢？下面我们就一起来讨论一下。

一、搭配错误。指句子中相关的成分不能搭配。一个完整的句子一般由六大基本成分（主语、谓语、宾语、定语、状语、补语）组成，不注意它们的搭配，就容易发生错误。例如：

①＊秋天的香山是一年中最美丽的季节。

例①是主语和宾语搭配错误。“香山”不是“季节”。可改为“香山的秋天是一年中最美的季节”。

二、成分残缺或多余。成分残缺指句子中缺少了必不可少的成分，句子的结构不完整。如果句子中的相关成分已经完备了，却又增加了一些成分，就叫作成分多余。例如：

②＊从这件小事中，却说明了一个大问题。

③＊我的女朋友回国已经半年多过去了。

例②是成分残缺，缺少主语。可改为“这件小事却说明了一个大问题”。例③是成分多余，“回国已经半年多了”的结构和意思都是完整的，不用再加“过去”，应改为“我的女朋友回国已经半年多了”。

三、语序不对。指句子中词语的位置放得不合适，影响了句子意思的表达。例如：

④＊我们去打篮球每天下午。

例④是状语跟中心语的语序错误。时间词做状语应该在动词前。可改为“我们每天下午

1. 避免 bìmiǎn
2. 搭配 dāpèi
3. 相关 xiāngguān
4. 成分 chéngfèn
5. 完整 wánzhěng
6. 主语 *zhǔyǔ
7. 谓语 *wèiyǔ
8. 宾语 *bīnyǔ
9. 定语 *dìngyǔ
10. 状语 *zhuàngyǔ
11. 补语 *bǔyǔ
12. 残缺 cánquē
13. 多余 duōyú
14. 完备 wánbèi
15. 语序 *yǔxù
16. 位置 wèizhì

去打篮球”。

四、结构混杂。指把两种不同的造句形式混杂在一起，造成结构混乱，层次关系不清。例如：

⑤ * 北京语言大学的地址在海淀区学院路 15 号。

例⑤把判断句和存在句混在一起了。可改为“北京语言大学的地址是海淀区学院路 15 号”或“北京语言大学在海淀区学院路 15 号”。

学习语法，不仅要掌握句子结构的规律，知道句子应该怎么组织，还要知道句子不应该怎样组织。因此，在学习语法时加强发现和纠正错误的训练，了解造句时常见的错误，才能更好地培养理解语言、运用语言的能力。

17. 混杂 hùnzá
18. 造句 zàojù
19. 造成 zàochéng
20. 混乱 hùnluàn
21. 层次 céngcì
22. 判断句 *pànduànjù
23. 存在句 *cúnzàijù
24. 规律 guīlǜ
25. 组织 zǔzhī
26. 加强 jiāqiáng
27. 纠正 jiūzhèng
28. 训练 xùnliàn
29. 培养 péiyǎng
30. 运用 yùnyòng

1. 分析下列病句分别属于哪种结构错误。
Analyze which kind of structural mistake has been made in each sentence.

（1）我听中文广播懂了。

______

（2）刚进来的那几位人，我都认识。

______

（3）他在路上把果皮随便扔。

______

（4）他今天来得很早了一个多小时。

______

（5）一谈起那次旅行，他就非常激动起来。

______

（6）现在我已经非常熟练筷子了。

____

2. 在你以前的作业中找一找病句，并且分析一下这些病句产生的原因。
Find some wrong sentences in your previous homework and analyze the reasons for the mistakes.

学习总结 Learning Summary

1. 我了解到的汉语知识：

____

____

2. 我能够运用的新词语：

____

____

3. 我能够运用的新格式：

____

____

4. 学了这一单元，我的收获是：

____

____

5. 我对这一单元的学习 □很满意 □比较满意 □不太满意 □不满意，原因是：

____

____

第二单元 Unit 2

丝绸之路——文明的桥梁
Silk Road — The Bridge among Civilizations

学习目标 Learning Objectives

1. 了解专业知识：中国为什么叫“China”、古代丝绸之路
2. 掌握专业术语：汉（朝）、唐（朝）、丝绸之路、四大发明
3. 使用书面词语与格式：对于……进行＋动词
   A 与 / 跟 / 和 B 有关 / 相关
   A 与 / 跟 / 和 B 相近 / 相似
   起（到 / 了 / 着）……的作用
   向
   沿
   入 / 出
4. 进行功能表达：询问：为什么……，而（反而、却）……呢？
   比较（1）：与（同、和）……不同（不一样）/
   与（同、和）……没什么差别（差别不大、差别很大）

1—2 学时 Class Hours 1—2

热身 Warm-up

1. 你知道中国历史上都有哪些朝代吗？请在知道的下面打“√”。

秦 Qín	汉 Hàn	唐 Táng	宋 Sòng	元 Yuán	明 Míng	清 Qīng

2. 说起中国历史，你最先想到的是什么？为什么？

词语学习 Vocabulary Learning

通用词语 Common Words

2-1

	生词	拼音	词性	释义
1.	疑问	yíwèn	名	doubt, question
2.	对于	duìyú	介	with regard to, on
3.	进行	jìnxíng	动	to carry out, to conduct
4.	研究	yánjiū	动	to research, to study
5.	说法	shuōfǎ	名	version (of a story), statement
6.	获得	huòdé	动	to get, to obtain
7.	认同	rèntóng	动	to approve
8.	瓷器	cíqì	名	porcelain
9.	土质	tǔzhì	名	soil properties
10.	玉石	yùshí	名	jade
11.	精美	jīngměi	形	exquisite, elegant
12.	闻名	wénmíng	动	famous, well-known
13.	贵重	guìzhòng	形	valuable, precious
14.	物品	wùpǐn	名	object, article
15.	音译	yīnyì	名 / 动	transliteration; to transliterate
16.	丝绸	sīchóu	名	silk

17.	演化	yǎnhuà	动	to evolve
18.	宣传	xuānchuán	动	to propagandize, to publicize

专业术语　Professional Terms

2-2

	生词	拼音	词性	释义
1.	汉（朝）	Hàn(cháo)	名	Han Dynasty
2.	唐（朝）	Táng(cháo)	名	Tang Dynasty
3.	昌南	Chāngnán		Changnan, name of a place
4.	古罗马	Gǔ Luómǎ		ancient Rome

专有名词　Proper Nouns

2-3

	生词	拼音	释义
1.	欧洲	Ōuzhōu	Europe
2.	拉丁语	Lādīngyǔ	Latin (language)

词语练习　Vocabulary Exercises

1. 朗读并查找：朗读生词表中的生词，并在课文中画出这些生词。
   Read and search: Read aloud the new words in the vocabulary list and circle these words in the text.

2. 生词连线：写拼音，连英文。
   Matching: Write down the *pinyin* of the new words and match them with the English explanations.

说法	shuōfǎ	to evolve
瓷器	________	to propagandize, to publicize
宣传	________	to carry out, to conduct
对于	________	porcelain
丝绸	________	version (of a story), statement
演化	________	silk
进行	________	with regard to, on

3. 词语扩展：读一读下面的扩展形式，再写出两个。

Vocabulary development: Read the expanded forms of the words and write two more.

（1）– 质 —— 土质　水质　______　______

（2）– 法 —— 说法　看法　______　______

（3）研究 —— 研究问题　研究历史　______　______

（4）精美 —— 精美的瓷器　很精美　______　______

（5）宣传 —— 宣传中国　宣传法律知识　______　______

4. 选词填空：读一读给出的生词，并选择合适的放在下列句子中。

Blank filling: Read the new words given and put the right ones in the following sentences.

闻名　认同　获得　疑问　音译　贵重

（1）大卫是“David”的______。

（2）旅行的时候，______物品一定要带在身边。

（3）小明学习非常努力，最后______了第一名的好成绩。

（4）他是远近______的好人，大家都非常喜欢他。

（5）对这个问题我还是有______。

课文 1　Text 1

听前任务　Pre-Listening Task

听课文，在下表中填写关键词，并与同学讨论。

中国为什么叫“China”	自己记录的	同学补充的
第一种说法与什么有关？		
第二种说法与什么有关？		

中国为什么叫"China" 2-4

在英语中，中国的名字叫"China"。很多人心里有疑问：为什么中国的名字不是"Han"（汉）或者"Tang"（唐），而是"China"呢？对于这个问题，历史学家进行了大量的研究，得出了很多种说法。其中，有两种说法获得了较多人的认同。

一种说法与瓷器有关。中国人很早就开始在昌南（今江西省景德镇）烧制瓷器。昌南的土质好，生产的白瓷、青瓷、青花瓷就像玉石一样精美，因而远近闻名，并大量出口欧洲。在欧洲，昌南的瓷器是十分受人喜爱的贵重物品，人们以能获得一件昌南的瓷器为荣。就这样，欧洲人就用"昌南"（Changnan）的音译作为瓷器（china）和生产瓷器的"中国"（China）的名称。

另一种说法与丝绸有关。古罗马时代欧洲人就知道东方有一个生产丝绸的国家，当时被称为"Serica"，意思是"丝国"。英语中的"silk"就来自"Serica"。这都跟汉语的"丝"发音相近。在拉丁语中，中国的名称是"Sinae"，英语中的"China"是从拉丁语演化来的，因此也与丝绸有关。

西方人把中国叫"China"，不管是跟瓷器有关，还是跟丝绸有关，都说明瓷器和丝绸是代表中国的两大名片，对宣传中国文化起到了很大的作用。

理解课文 Comprehension of the Text

1. 根据课文内容选择正确答案。
Choose the right answers based on the text.

（1）中国叫"China"的原因，主要的说法有几种？（ ）

A 一种　B 两种　C 三种　D 很多种

（2）昌南在今天中国的哪个省？（ ）

A 江苏　　B 广西　　C 江西　　D 陕西

（3）人们为什么在昌南烧制瓷器？（ ）

A 因为昌南的水质好　　B 因为昌南的天气好

C 因为昌南人喜欢瓷器　　D 因为昌南的土质好

（4）古代欧洲人把中国叫什么国？（ ）

A 茶国　　B 丝国

C 瓷器国　　D 昌南国

（5）在古代的欧洲，什么样的人家里可能会有中国瓷器？（ ）

A 有钱人　　B 一般人

C 每个人　　D 穷人

2. 根据课文内容判断正误。

Decide whether the following statements are right or wrong based on the text.

（1）关于中国为什么叫“China”，历史学家只得出了两种说法。（ ）

（2）昌南的土质好，因此生产出的瓷器比玉石更精美。（ ）

（3）昌南的瓷器在欧洲价格不贵。（ ）

（4）有人认为“China”是“昌南”(Changnan)的音译。（ ）

（5）英语中的“China”是从拉丁语演化来的。（ ）

3. 根据课文内容回答问题。

Answer the following questions based on the text.

（1）昌南生产的瓷器都有哪些品种？

（2）为什么昌南的瓷器像玉石一样精美？

（3）为什么在欧洲人们以能获得一件昌南的瓷器为荣？

学习书面词语与格式 Learn the Formal Words and Structures

1. **对于**这个问题，历史学家**进行**了大量的**研究**，得出了很多种说法

“对于……进行＋动词”用来引出话题，“进行”后边常跟“研究”“调查”“思考”等动词。例如：

① 对于在比赛中取得好成绩的班级，学校要进行表彰。

② 对于哪个牌子的电脑好，他进行了一些市场调查。

③ 对于事故的原因，我们还需要进行调查。

练一练：用“对于……进行＋动词”改写句子。
Rewrite the sentences using “对于……进行＋verb”.

（1）在进入中国市场以前，我们还需要考察一下市场的情况。

____

（2）在这次会议上，专家们讨论了如何提高预科教学的效果。

____

（3）老师在邮件里向同学们说明了考试的方式。

____

2. 一种说法**与**瓷器**有关**

“A与/跟/和B有关/相关”的意思是“A和B有关系”。否定形式为“A与/跟/和B没有关系/无关”。例如：

① 他的好成绩与他的努力有关。

② 这件事跟老王没有关系。

③ 在家里，他从来不谈和工作有关的事。

类似的还有“A与/跟/和B相近/相似”，意思是“A和B差不多”。例如：

① 英语的“silk”跟汉语的“丝”发音相近。

②“茶”与“荼”字形很相似。

③ 这篇文章和那篇文章内容非常相似。

练一练：用“A与/跟/和B有关/相关”“A与/跟/和B相近/相似”改写句子。Rewrite the sentences using “A与/跟/和B有关/相关” or “A与/跟/和B相近/相似”.

（1）这件事很可能是他做的。

____

（2）我的方法和老师的方法差不多。

____

（3）这个句子的错误是词序方面的。

____

3. 对宣传中国文化**起到**了很大的**作用**

“起（到/了/着）……的作用”的意思是“发挥（了/着）……的作用”。例如：

① 声调在汉语音节中起着非常重要的作用。

② 这件事能成功，他起了很大的作用。

③ 教育对经济和社会发展起着巨大的作用。

练一练：用“起（到/了/着）……的作用”回答下列问题。
Answer the following questions using “起（到/了/着）……的作用”.

（1）你觉得会说汉语对找工作能起作用吗？

____

（2）多喝水对身体健康起的作用大不大？

____

（3）每天看汉语节目对你提高汉语水平有帮助吗？

____

总结与评论 Review and Comment

1. 概述与总结 Summarize and review

（1）对于中国为什么叫“China”，课文中的两种说法分别是什么？

（2）你认为哪种说法更有道理？为什么？

2. 思考与表达 Think and express

除了瓷器和丝绸以外，你认为还有什么可以作为宣传中国的名片？请说明理由。

3—4 学时 Class Hours 3—4

热身 Warm-up

1. 你有丝绸做的衣物吗？是什么？你觉得丝绸的手感怎么样？
2. 你知道中国什么地方出产的丝绸最有名吗？

词语学习 Vocabulary Learning

通用词语 Common Words

2-5

	生词	拼音	词性	释义
1.	之	zhī	助	*an auxiliary word*
2.	文明	wénmíng	名	civilization
3.	桥梁	qiáoliáng	名	bridge
4.	公元前	gōngyuánqián		B.C. (Before Christ)
5.	世纪	shìjì	名	century
6.	出使	chūshǐ	动	to be sent on a diplomatic mission
7.	源源不断	yuányuán-búduàn		to flow in an endless stream
8.	贸易	màoyì	名	trade
9.	率领	shuàilǐng	动	to lead, to command
10.	沿	yán	介	along
11.	交流	jiāoliú	动	to communicate, to exchange
12.	发明	fāmíng	名 / 动	invention; to invent
13.	艺术	yìshù	名	art
14.	宗教	zōngjiào	名	religion
15.	见证	jiànzhèng	名 / 动	witness; to witness

专业术语　Professional Terms

2-6

	生词	拼音	词性	释义
1.	丝绸之路	Sīchóuzhīlù		the Silk Road
2.	汉武帝	Hànwǔdì		Emperor Hanwu, the 6th emperor of the Han Dynasty
3.	使臣	shǐchén	名	diplomatic envoy
4.	张骞	Zhāng Qiān		Zhang Qian, a famous ancient Chinese official and diplomat
5.	西域	Xīyù	名	Western Regions, regions west of Yumen Pass after the Han Dynasty
6.	长安	Cháng'ān	名	Chang'an, the present-day Xi'an
7.	明朝	Míngcháo	名	Ming Dynasty
8.	郑和	Zhèng Hé		Zheng He, a famous ancient Chinese mariner and explorer
9.	四大发明	sì dà fāmíng		Four Great Inventions

专有名词　Proper Nouns

2-7

	生词	拼音	释义
1.	阿拉伯	Ālābó	Arabia
2.	亚洲	Yàzhōu	Asia
3.	非洲	Fēizhōu	Africa
4.	莫桑比克	Mòsāngbǐkè	Mozambique
5.	佛教	Fójiào	Buddhism
6.	敦煌	Dūnhuáng	Dunhuang, a major stop on the ancient Silk Road, best known for the nearby Mogao Caves
7.	莫高窟	Mògāokū	Mogao Caves

词语练习 Vocabulary Exercises

1. 读例句，学生词：朗读下面词语的用例，思考这些词语的用法。

Read and learn: Read aloud the example sentences of the following words and think about the usage of these words.

（1）之

① 在我们家，妈妈是一家之主，很多大事都是她拿主意。

② 通过丝绸之路，中国的丝绸和茶叶出口到了欧洲。

③ 故宫里的很多东西都是无价之宝。

（2）世纪

① 现在是二十一世纪。

② 公元前七世纪，古希腊人就知道中国了。

③ 手机和电脑都是上个世纪的伟大发明。

（3）源源不断

① 中国的瓷器和丝绸源源不断地运向世界各地。

② 新事物源源不断地出现，我们也应该不断学习。

③ 近几年，中国各行各业的人才正在源源不断地流向西部，推动了中国西部地区的发展。

（4）率领

① 他率领的球队取得了第一名的好成绩。

② 张骞率领的使臣团队成功地到达了西域。

③ 公元 15 世纪，郑和率领船队出使亚洲和非洲。

（5）交流

① 我和同学们每天用汉语交流。

② 我们一边喝咖啡，一边交流学习汉语的方法。

③ 丝绸之路是东西方文明交流的桥梁。

（6）见证

① 爷爷是个老北京，他见证了这 60 年来北京的发展。

②我是这场事故的见证人。

③敦煌莫高窟是中外文化交流的历史见证。

2. 词语扩展：读一读下面的扩展形式，再写出两个。

Vocabulary development: Read the expanded forms of the words and write two more.

（1）– 向 —— 通向　走向　______　______

（2）– 入 —— 传入　进入　______　______

（3）出 – —— 出国　出使　______　______

（4）交流 —— 文化交流　交流经验　________　________

（5）贸易 —— 出口贸易　贸易公司　________　________

3. 选词填空：读一读给出的生词，并选择合适的放在下列句子中。

Blank filling: Read the new words given and put the right ones in the following sentences.

文明	源源不断	艺术	出使	桥梁	发明

（1）今年是母校 60 岁生日，校友们从世界各地______地发来贺信。

（2）公元前 138 年，汉武帝派张骞______西域。

（3）这条河上有好几座______。

（4）爱迪生（Àidíshēng, Thomas Alva Edison）是一位______家。

（5）中华______有 5000 多年的历史。

4. 将左边的词语和右边的解释连接起来。

Match the words on the left with the explanations on the right.

（1）长安	a. 起源于古印度的一种宗教
（2）佛教	b. B.C.（Before Christ）
（3）丝绸之路	c. 代表国家访问外国的人
（4）使臣	d. 古代西安的名字
（5）公元前	e. 以丝绸贸易为主的商路

课文 2 Text 2

读前任务 Pre-Reading Task

1. 课文主要介绍了哪两条丝绸之路？
2. “丝绸之路”的影响如何？

丝绸之路——文明的桥梁

2-8

公元前七世纪，古代欧洲人就知道世界的东方有一个文明古国，但他们对这个国家还不是很了解。直到公元前138年，汉武帝派使臣张骞出使西域，找到了通向西方国家的道路，才打开了东西方互相了解的大门。通过这条道路，中国的丝绸、茶叶等，源源不断地运向西方。由于这条道路以丝绸贸易为主，所以人们称它为“丝绸之路”。

“丝绸之路”的起点是长安（今西安），从长安往西经过天山到达中亚，最远到达欧洲。后来又出现了一条“海上丝绸之路”，它是以广州等地为起点，至朝鲜、日本、东南亚、南亚、阿拉伯和东非等国家与地区的海上商路。明朝的郑和曾率领船队，先后七次沿“海上丝绸之路”出使亚洲、非洲，访问了三十多个国家，最远到达了非洲的莫桑比克。

“丝绸之路”不仅仅是一条商路，它更是东西方文明交流的桥梁。中国古代的四大发明通过“丝绸之路”传入西方，影响了这些国家文明的发展，而西方的艺术、宗教等则通过这条道路传入中国。对中国文化产生极大影响的佛教，就是沿“丝绸之路”传入中国的，闻名世界的敦煌莫高窟就是中外文化交流的历史见证。

理解课文　Comprehension of the Text

1. 边读边画：读课文 2 第一段，画出下面问题的答案。
Read and mark: Read Paragraph 1 of Text 2 and mark the answers to the following questions.

（1）公元前 138 年，汉武帝派谁出使西域？

（2）这次出使西域的意义是什么？

（3）为什么称这条道路为“丝绸之路”？

2. 边读边填：读课文 2 第二段，完形填空。
Read and fill in the blanks: Read Paragraph 2 of Text 2 and then fill in the blanks.

“丝绸之路”的______是长安，从长安往西______天山______中亚，______到达欧洲。后来又出现了一条“______”，它是以广州等地为起点，至______、日本、东南亚、南亚、______和东非等国家与地区的______。明朝的______曾率领船队，先后______次沿“海上丝绸之路”出使亚洲、非洲，访问了______多个国家，最远到达了______的莫桑比克。

3. 框架复述：熟读课文 2 第三段，按照提示词进行复述。
Retell the framework: Read Paragraph 3 of Text 2 with proficiency and retell it based on the hints given.

“丝绸之路”不仅仅是……，它更是……桥梁。中国古代……通过“丝绸之路”传入……，影响了这些国家……，而西方的……等则通过这条道路……。对中国文化产生极大影响的……，就是……传入中国的，闻名世界的……就是中外文化交流的……。

4. 概括全文大意。
Summarize the general idea of the passage.

第一段：____

第二段：____

第三段：____

学习书面词语与格式 Learn the Formal Words and Structures

1. 汉武帝派使臣张骞出使西域，找到了通向西方国家的道路

“向”，介词，用在动词后，表示朝着某个方向或目标，常用的有：通向、走向、跑向、飞向等。例如：

① 这条路通向图书馆。

② 孩子们一下课就跑向了运动场。

③ 他下了楼，走向自己的汽车。

2. 明朝的郑和曾率领船队，先后七次沿“海上丝绸之路”出使亚洲、非洲

“沿”，介词，表示顺着，说明经过的路线或处所，后面常加“着”，与“江河、道路”等搭配。例如：

① 沿着这条路走就能到火车站。

② 我特别喜欢沿着海边散步。

③ 现在已经看不到小商人沿街叫卖商品了。

3. 中国古代的四大发明通过“丝绸之路”传入西方

“入 / 出”可以用在动词后，说明动作的方向，常用的有：传入 / 传出、带入 / 带出、买入 / 卖出等。例如：

① 西方的艺术、宗教通过“丝绸之路”传入中国。

② 考试的时候，电子词典是不能带入教室的。

③ 这幅画已经被高价卖出了。

练一练

1. 选择正确的词语。

Choose the right words.

（1）他从家里出来，快速走向 / 通向一辆白色的汽车。

（2）佛教是从印度传入 / 传出中国的。

（3）跟着 / 沿着这条路走，五分钟就能到图书馆。

2. 用所给词语改写句子。
Rewrite the sentences using the words given.

（1）天突然下起雨来，他忙向路边的咖啡厅跑去。（跑向）

____

（2）郑和走"海上丝绸之路"到达了非洲的莫桑比克。（沿）

____

（3）从这条路一直走，就可以到邮局。（沿）

____

（4）中国古代的四大发明是通过"丝绸之路"到欧洲的。（传入）

____

（5）这件事最早是李明告诉我们的。（传出）

____

总结与评论 Review and Comment

1. 概述与总结 Summarize and review

（1）根据课文内容简单介绍一下两条丝绸之路。

（2）丝绸之路对西方文明和中国文化产生了哪些重要的影响？

2. 思考与表达 Think and express

查阅相关资料，简要介绍丝绸之路给当时的中国和其他国家的经济带来了什么影响。

5—6 学时 Class Hours 5—6

综合运用 Integrated Use

专业术语运用 Use of Professional Terms

1. 选词填空：读一读给出的专业术语，并选择合适的放在下列句子中。
Blank filling: Read the professional terms given and put the right ones in the following sentences.

郑和	使臣	古罗马	唐朝	四大发明	丝绸之路

（1）公元前 138 年，汉武帝派______张骞出使西域。

（2）______时的长安，人口超过 100 万，是当时世界上人口最多的城市。

（3）中国古代的______传入西方，对世界文明的影响极大。

（4）______曾经率领船队先后七次出使亚洲、非洲。

（5）“海上______”是以广州等地为起点，至朝鲜、日本、东南亚、南亚、阿拉伯和东非等国家与地区的海上商路。

2. 概念速查：通过工具书或网络查一查下面这些术语的解释并写下来。
Look up the terms: Use a dictionary or website to find out the definitions of the following terms, and then write them down.

（1）公元

（2）印刷术

（3）造纸术

（4）历史事件

（5）朝代

语篇与功能 Discourse and Function

常用功能表达

1. 询问：为什么……，而（反而、却）……呢？

（1）为什么中国的名字不是“Han”（汉）或者“Tang”（唐），而是“China”呢？

（2）为什么你不听医生的话在家好好休息，反而去看足球比赛呢？

（3）为什么你明明知道这件事却不愿意告诉我呢？

2. 比较（1）：与（同、和）……不同（不一样）/

与（同、和）……没什么差别（差别不大、差别很大）

（1）四川菜和上海菜的味道完全不同。

（2）对这个问题我与你的看法不太一样。

（3）在中国，北方人和南方人的生活习惯差别很大。

练一练

1. 用本单元所学功能表达词语改写句子。

Rewrite the sentences using the words indicating functions learned in this unit.

（1）询问：为什么……，而……呢？

你为什么要当记者呢？你大学明明学的是医学。

（2）询问：为什么……，却……呢？

用电脑写东西多方便啊，你为什么一定要用手写呢？

（3）比较：与……不一样

我哥哥喜欢安静，可是我很喜欢热闹。

（4）比较：同……没什么差别

英式英语与美式英语的发音和语法不一样的地方不太多。

（5）比较：和……差别很大

丝绸的价格很贵，而棉布的价格则非常便宜。

2. 语义匹配：选择一个正确答案完成句子。

Semantic matching: Choose a right answer to complete each sentence.

（1）在欧洲，昌南的瓷器是十分受人喜爱的______。（　　）

A 日常用品　B 十分稀有　C 贵重物品　D 不可多得

（2）中国丝绸______，高贵典雅，很受外国朋友的喜爱。（　　）

A 制作精美　B 质量不好　C 价格很贵　D 种类不多

（3）我们不仅仅学习语言，______，我们还学习历史、政治和法律。（　　）

A 除此之外　B 不仅如此　C 无论如何　D 源源不断

（4）中华文明______，源远流长。（　　）

A 很有内容　B 历史悠久　C 特点很多　D 很有影响

（5）每年都有______的中外游客参观敦煌莫高窟。（　　）

A 闻名世界　B 大大小小　C 聪明可爱　D 成千上万

交际与写作　Communication and Writing

1. 小组讨论：用下面的句式与你的同学就丝绸之路对中外文化交流的作用进行讨论。

Group discussion: Use the sentence patterns below to discuss with your classmates the role of the Silk Road in Sino-foreign cultural communication.

引出话题：你认为……吗？/就……，你有什么看法？/你觉得……吗？

初步应答：对于……，我个人认为……/对于……，我的观点是……/对……我是这么看的/是这样的，……

表示赞同：我同意……的看法/我也觉得……

表示反对：我不这么认为，我觉得……/对……的看法我大部分同意，但是……

结束话题：总之，我认为……/不管怎么说，在……方面，……

2. 写一写：使用“比较”这一功能的表达词语，说明学习历史的重要性，要求不少于200字。

Writing: Write a composition of at least 200 characters to illustrate the importance of studying history, using words that indicate comparison.

____

____

____

____

____

____

____

____

活学活用 Learn and Use with Flexibility

1. 读下面这段文章，然后回答问题。

Read the following passage and then answer the questions.

中国古人非常有智慧，他们用自己的聪明才智为世界文明的发展做出了很大贡献。他们发明了造纸术、印刷术、指南针和火药，这四种发明被称为中国古代的四大发明。在四大发明中，造纸术对世界文明的发展和社会进步的作用最大。造纸术的发明大大降低了书籍的成本，使文化教育得到了普及。印刷术为世界文明的传播和保存做出了重大贡献。火药的发明和传播，是军事史上的重大事件。指南针的发明和传播，为欧洲航海家探索新航路提供了重要条件。这些发明都曾改变了世界。

（1）中国古代的四大发明是什么？

（2）哪项发明对世界文明发展和社会进步的作用最大？

（3）哪项发明为欧洲航海家探索新航路提供了重要的条件？

2. 社会调查 Social survey

为了发扬“丝绸之路”经济、人文、商贸的千年传承，并赋予其新的合作意义，中国政府提出了“一带一路”的倡议。请你收集相关资料，说一说什么是“一带一路”。你认为“一带一路”会给你的国家在哪些方面带来发展机会？

扩展阅读 Extended Reading

永远的长安

长安在中国历史上曾是十三个朝代的首都，有3100多年的历史。到了明朝，长安才改称西安，并一直使用至今。

长安正式作为首都是从汉朝开始的。“长安”，意思是“长治久安”。当时的长安规模很大，是汉朝的政治、文化中心，同时也是丝绸之路的起点。

长安在唐朝进入了它的黄金时代。当时的长安东西长9721米，南北长8651米，总面积达84平方公里，是古罗马城的4倍；人口已超过100万，是当时世界上人口最多的城市，也是最大的城市。

长安不仅仅是一座城市，更是许多人一生追求梦想的地方。来自不同地方和国家的人带

1. 长治久安 chángzhì-jiǔ'ān
2. 规模 guīmó
3. 政治 zhèngzhì
4. 黄金时代 huángjīn shídài
5. 面积 miànjī
6. 平方 píngfāng
7. 公里 gōnglǐ
8. 倍 bèi

着不同的梦想来到长安：求学、传教、经商、定居。那时的长安，街头游走着外国商人，酒馆中有貌美如花的异域酒娘，宾馆里住着等待唐朝皇帝接见的外国使臣，国子监传来留学生朗朗的读书声。长安以博大的胸怀迎接来自四面八方的新鲜事物，并一一融入自己的古老文化之中。

从宋朝开始，由于中国社会经济结构的变化，长安逐渐淡出了历史舞台。直到1974年3月，在今西安市临潼区，发现了举世闻名的秦始皇兵马俑，西安才再次成为世界的焦点。如今的西安，又成为“新丝绸之路经济带”的中心。

一座城市的历史就是一个民族的历史。西安，这座中国历史上的文化名城，在当代中国的经济文化活动中发挥着越来越重要的作用。

（根据纪录片《永远的长安》改写）

9. 传教 chuánjiào
10. 定居 dìngjū
11. 貌美如花 màoměirúhuā
12. 异域 yìyù
13. 接见 jiējiàn
14. 国子监 *guózǐjiàn
15. 朗朗 lǎnglǎng
16. 博大 bódà
17. 胸怀 xiōnghuái
18. 融入 róngrù
19. 由于 yóuyú
20. 经济 jīngjì
21. 结构 jiégòu
22. 逐渐 zhújiàn
23. 淡出 dànchū
24. 举世闻名 jǔshì-wénmíng
25. 秦始皇 *Qínshǐhuáng
26. 兵马俑 *bīngmǎyǒng
27. 焦点 jiāodiǎn
28. 发挥 fāhuī

1. 读后回答问题。

Read the passage and then answer the questions.

（1）“长治久安”是什么意思？

（2）长安的黄金时代是在哪个朝代？当时的长安有多大？

（3）在唐代，人们来长安的目的主要有哪些？

（4）“新丝绸之路经济带”的中心是哪里？

2.“从宋朝开始，由于中国社会经济结构的变化，长安逐渐淡出了历史舞台。”请你查找相关资料，说明长安淡出历史舞台的原因。
"Since the Song Dynasty, the position of Chang'an had been gradually weakened due to the changes in the social and economic structure of China." Do some research and then explain why the position of Chang'an was gradually weakened.

学习总结 Learning Summary

1. 我了解到的历史知识：

____

____

2. 我能够运用的新词语：

____

____

3. 我能够运用的新格式：

____

____

4. 学了这一单元，我的收获是：

____

____

5. 我对这一单元的学习 □很满意 □比较满意 □不太满意 □不满意，原因是：

____

____

第三单元

Unit 3

新《中华人民共和国老年人权益保障法》

Amended *Law of the People's Republic of China on the Protection of the Rights and Interests of the Elderly*

学习目标 Learning Objectives

1. 了解专业知识：新《中华人民共和国老年人权益保障法》新增的主要内容
2. 掌握专业术语：法庭、赡养、案件、被告、原告、起诉、判决、权益
3. 使用书面词语与格式：将（处置 / 未然）
   在……下
   不得
   以及
4. 进行功能表达：描述变化：本来（原来、原本）……，但是（可是、而、最终）……/ 没想到 / 谁想
   引述（1）：数据（材料、研究、调查……）显示

1—2 学时 Class Hours 1—2

热身 Warm-up

1. 你认为下面哪种行为不是违法的？（ ）

A 偷看别人（包括自己的爱人、孩子）的手机短信。

B 拍了一张美女的照片放在家里自己欣赏。

C 买了两只非常漂亮的名贵蝴蝶标本（biāoběn, specimen）回家收藏。

D 很长时间不看望年老的父母，也不打电话问候。

2. 以上行为如果违法，可能分别违反了什么法律？请完成下表。

行为	违反法律
偷看手机短信	
偷拍美女照片自己欣赏	
收藏蝴蝶标本	
长期不看望年老的父母	

词语学习 Vocabulary Learning

通用词语 Common Words

3-1

	生词	拼音	词性	释义
1.	愿望	yuànwàng	名	wish
2.	市	shì	名	city
3.	某	mǒu	代	certain, some
4.	兄弟	xiōngdì	名	brothers
5.	面红耳赤	miànhóng-ěrchì		to become red in the face, to flush with shame or anger
6.	一辈子	yíbèizi	名	lifetime, all one's life

7.	将	jiāng	介	*used to introduce the object before a verb*
8.	退休	tuìxiū	动	to retire
9.	孝顺	xiàoshùn	动	to show filial piety
10.	成家	chéngjiā	动	(of a man) to get married
11.	看望	kànwàng	动	to call on, to visit
12.	嫁	jià	动	(of a woman) to marry
13.	显示	xiǎnshì	动	to show
14.	老伴儿	lǎobànr	名	spouse (husband or wife)
15.	劝说	quànshuō	动	to try to persuade
16.	去世	qùshì	动	to pass away
17.	寂寞	jìmò	形	lonely
18.	广泛	guǎngfàn	形	extensive
19.	争议	zhēngyì	动	to dispute, to argue

专业术语　Professional Terms

3-2

	生词	拼音	词性	释义
1.	法院	fǎyuàn	名	court, courthouse
2.	法庭	fǎtíng	名	court, courtroom
3.	赡养	shànyǎng	动	to support, to provide for (one's parents or elderly)
4.	案件	ànjiàn	名	(legal) case
5.	被告	bèigào	名	defendant
6.	原告	yuángào	名	plaintiff
7.	起诉	qǐsù	动	to sue, to prosecute
8.	撤诉	chèsù	动	to withdraw a lawsuit
9.	案子	ànzi	名	(legal) case
10.	判决	pànjué	动	to bring in a verdict

词语练习 Vocabulary Exercises

1. 朗读并查找：朗读生词表中的生词，并在课文中画出这些生词。
Read and search: Read aloud the new words in the vocabulary list and circle these words in the text.

2. 生词连线：写拼音，连英文。
Matching: Write down the *pinyin* of the new words and match them with the English explanations.

广泛	guǎngfàn	to show filial piety
劝说	______	lonely
寂寞	______	to dispute, to argue
争议	______	wish
愿望	______	to retire
孝顺	______	extensive
退休	______	to try to persuade

3. 词语扩展：读一读下面的扩展形式，再写出两个。
Vocabulary development: Read the expanded forms of the words and write two more.

（1）– 告 / 告 – —— 被告　告知　______　______

（2）诉 – / – 诉 —— 诉求　起诉　______　______

（3）– 费 —— 赡养费　住院费　______　______

（4）寂寞 —— 感到寂寞　生活寂寞　______　______

（5）看望 —— 看望老人　看望父母　______　______

4. 选词填空：读一读给出的生词，并选择合适的放在下列句子中。
Blank filling: Read the new words given and put the right ones in the following sentences.

退休　看望　愿望　劝说　成家　显示

（1）父母开始不同意他来中国留学，经过大家的______，最后还是同意了。

（2）统计结果______，中国目前的网民已经将近 7 亿。

（3）父母最大的______就是儿女生活平安幸福。

（4）即使你有了自己的家，也别忘了经常______父母。

（5）小王今年三十多岁了，还没______，父母都很着急。

课文 1　Text 1

听前任务　Pre-Listening Task

听课文，在下表中填写关键词，并与同学讨论。

	自己记录的	同学补充的
儿女的做法		
老人的愿望		

父亲的愿望

3-3

2011 年的一天，北京市某法院的法庭上，6 名兄弟姐妹为赡养老人的问题吵得面红耳赤。他们是这个案件的被告，原告是他们 83 岁的老父亲。

本来是一家人的父亲和子女，怎么成了原告和被告呢？原来，老人当了一辈子工人，好不容易将子女养大。想着退休以后，子女孝顺，自己有退休工资，生活不会有问题。可是没想到，两次生病住院，花了不少钱，子女们却谁也不愿意替老人付住院费，这让老人很难过。现在，儿女都已成家，平时很少来看望。虽然大儿子住得很近，但也很少见面。只有远嫁外地的大女儿，每月按时寄来赡养费。

材料显示，一年前，老人和老伴儿就曾因赡养问题，向法庭起诉了两个儿子，后来在儿女的劝说下，老人撤诉了。老伴儿去世以后，老人更觉得寂寞，没有办法，只好请了一位律师帮他起诉。老人的要求很简单：大女儿每月付给老人400元生活费；其他五个孩子每周至少看望老人一次，另外，每人每月再付给老人200元生活费。

案子结束了，6名子女都表示将尊重法庭的判决，但是父亲将儿女告上法庭，这到底是家庭问题还是法律问题，在社会上引起了广泛争议。

理解课文 Comprehension of the Text

1. 根据课文内容选择正确答案。

Choose the right answers based on the text.

（1）老人最主要的愿望是（　　）

A 想早点儿退休　　B 想跟儿子一起住

C 想让子女多看望他　　D 想住院

（2）大女儿的情况是（　　）

A 住得离父亲很近　　B 嫁到很远的外地

C 常常给父亲打电话　　D 不给老人赡养费

（3）帮助老人向法庭起诉的是（　　）

A 律师　　B 老人的老伴儿

C 大儿子　　D 大女儿

（4）这是老人第几次向法庭起诉自己的子女？（　　）

A 第二次　　B 第三次

C 第一次　　D 不知道

（5）关于这个案件，下面哪种说法正确？（　　）

A 判决还没结束　　B 子女不接受判决

C 老人已经撤诉　　D 引起了大家的争论

2. 根据课文内容判断正误。

Decide whether the following statements are right or wrong based on the text.

（1）老人和老伴儿把子女养大很不容易。（　　）

（2）上一次生病住院，子女们都愿意付医疗费。（　　）

（3）老人上次撤诉，是因为老伴儿的劝说。（　　）

（4）父亲要求六个子女每周至少探望他一次。（　　）

（5）大女儿不同意法庭的判决。（　　）

3. 根据课文内容回答问题。

Answer the questions based on the text.

（1）子女与老人之间以前的关系怎样？

（2）老人提出诉讼的主要原因有哪些？

（3）老人提出的诉讼要求是什么？

学习书面词语与格式　Learn the Formal Words and Structures

1. 好不容易**将**子女养大

“将”有两种用法：

一、介词，表示处置，相当于“把”，较正式。例如：

① 我们应当将工作和休闲结合起来。

② 他将失业的事告诉了妻子，没敢让父母知道。

③ 服务员将客人们迎进了包间，并及时送上茶水。

练一练：把“将”放在句中合适的位置。

Put “将” in the right position in each sentence.

（1）A 这个沙发 B 房间 C 分成了两个部分，一部分 D 是卧室，一部分是工作间。

（2）一只大象 A 鼻子 B 伸进了窗口，孩子们 C 吓得 D 哭了起来。

（3）A 虎妈妈 B 常常 C 孩子带在身边，D 教它自己寻找食物。

（4）他 A 没有犹豫，B 自己仅有的财产 C 卖掉，开始 D 环游世界。

二、副词，表示动作或情况会在不久后发生，意思相当于“快要”，可以跟“要”一起使用。例如：

① 这些鱼还不知道自己将会遇到危险，仍然快活地游来游去。

② 大学毕业生要适应社会，必须尽快了解自己将扮演的角色。

③ 英雄离开了这个世界，可他将受到人们的尊敬和热爱。

练一练：将下列词语组成句子。
Make sentences using the following words.

（1）将　做好准备　今天白天　请　会有大雨

____

（2）于近期　国家领导人　访问非洲　将

____

（3）走上社会　将　离开学校　同学们

____

（4）小商店　我家旁边的　将　一家大超市　据说　被建成

____

（5）发生什么事情　我们　明天　无法知道　将

____

2. 后来**在**儿女的劝说**下**，老人撤诉了

“在……下”可表示某种条件或情况，后面是在这种条件或情况下产生的某种结果。常用的有“在 + 名词 + 下”和“在……的 + 动词 + 下”两种形式。例如：

① 在很多情况下，老师和家长不一定是正确的。

② 学生可以在教师的帮助下，自己完成学习任务。

③ 在父亲的影响下，莫扎特从小就非常热爱音乐。

练一练：用“在……下”改写句子。
Rewrite the sentences using “在……下”.

（1）有了总经理的领导，公司今年的发展速度很快。

____

（2）通过大家的共同努力，这次比赛顺利结束。

____

（3）由于父亲的影响，孩子的性格发生了很大变化。

____

（4）经过法官的调解，双方接受了庭外和解的建议。

____

总结与评论　Review and Comment

1. 概述与总结 Summarize and review

（1）文中父亲起诉子女的原因是什么？

（2）目前这个案件的情况怎么样？

2. 思考与表达 Think and express

（1）如果你是父亲，你会起诉自己的子女吗？为什么？

（2）在你们国家有没有出现过这样的现象？如果有，一般怎么处理？如果没有，为什么？

3—4 学时 Class Hours 3—4

热身 Warm-up

1. 查词典，说说下面词语的意思。

（1）老龄化

（2）婚姻自由

（3）权益保障

（4）司法部门

2. 讨论：现在社会上孤寡老人很多，我们应该怎么照顾他们？

词语学习 Vocabulary Learning

通用词语 Common Words

3-4

	生词	拼音	词性	释义
1.	保障	bǎozhàng	动 / 名	to ensure; guarantee
2.	实施	shíshī	动	to put into effect, to implement
3.	服务	fúwù	动	to serve; service
4.	强调	qiángdiào	动	to stress, to emphasize
5.	家庭	jiātíng	名	family
6.	成员	chéngyuán	名	member
7.	忽视	hūshì	动	to ignore, to neglect
8.	冷落	lěngluò	动	to give (somebody) a cold shoulder, to treat coldly
9.	强迫	qiǎngpò	动	to force
10.	居住	jūzhù	动	to live

11.	婚姻	hūnyīn	名	marriage
12.	自由	zìyóu	名／形	freedom; free
13.	干涉	gānshè	动	to interfere, to meddle
14.	离婚	líhūn	动	to divorce
15.	再婚	zàihūn	动	to remarry
16.	目前	mùqián	名	at present
17.	机构	jīgòu	名	organization, institution
18.	满足	mǎnzú	动	to satisfy, to meet
19.	拥有	yōngyǒu	动	to possess, to have
20.	床位	chuángwèi	名	bed
21.	就近	jiùjìn	副	(to do or get something) nearby
22.	设施	shèshī	名	installation, facility

专业术语　Professional Terms

3-5

	生词	拼音	词性	释义
1.	权益	quányì	名	rights and interests
2.	条款	tiáokuǎn	名	clause, provision

词语练习　Vocabulary Exercises

1. 读例句，学生词：朗读下面词语的用例，思考这些词语的用法。
Read and learn: Read aloud the example sentences of the following words and think about the usage of these words.

（1）实施

① 学院的这些新规定将在下周一开始实施。

② 有了学习计划以后，就要马上实施。

③ 由于德国实施义务教育效果非常好，其他国家都开始向它学习。

（2）强调

①在开始学习汉语时，教师就要强调语音的重要性。

②在新的教育法中，特别强调了每个孩子都应该受到教育。

③好的管理方式应当强调鼓励和表扬的积极作用。

（3）忽视

①传统的教育只重视孩子的知识学习，而忽视了他们的兴趣培养。

②家庭教育对孩子的成长起着不可忽视的作用。

③就对人的身心发展的影响来说，自然环境是不可忽视的。

（4）就近

①按照规定，中小学生应当就近入学。

②我们应尽量选择离家近的银行，就近存取款。

③病人要想得到及时的治疗，必须就近找一家医院。

（5）满足

①她感到父亲留下的图书已经无法满足自己的学习需要了。

②你有什么心愿，我会尽量满足你。

③能够跟自己喜欢的人在一起，我已经很满足了。

（6）拥有

①大多数老年人和子女拥有各自的房子，因而选择分开居住。

②这样的好机会不是每个人都能拥有的。

③北京拥有2100多万人口，是一个国际化大都市。

（7）干涉

①父母不应该干涉子女的婚姻生活。

②我们的原则是和平解决国际问题，不干涉别的国家的内政。

③家长不能过多干涉孩子的学习和生活，不然的话，会让孩子跟家长的距离越来越远。

（8）自由

① 家长应当给孩子自由选择、自由发展的机会。

② 能够用流利的汉语进行自由表达，是我最大的愿望。

③ 我们在保护自己权益的时候，也应该尊重别人的自由。

2. 词语扩展：读一读下面的扩展形式，再写出两个。

Vocabulary development: Read the expanded forms of the words and write two more.

（1）–视 / 视 –—— 忽视　视力　______　______

（2）–假 / 假 –—— 休假　假期　______　______

（3）–化 —— 老龄化　年轻化　______　______

（4）问候 —— 问候老年人　问候父母　______　______

（5）提出 —— 提出申诉　提出要求　______　______

3. 选词填空：读一读给出的生词，并选择合适的放在下列句子中。

Blank filling: Read the new words given and put the right ones in the following sentences.

目前　冷落　实施　拥有　忽视　保障

（1）这是一所______2000 多名学生的初级中学。

（2）修订后的《中华人民共和国义务教育法》自 2006 年开始______。

（3）他有一儿一女，但他们______都在国外工作，没有办法照顾他。

（4）小王最近工作压力特别大，所以对家人有些______。

（5）社会稳定，才能______经济的不断发展。

课文 2　Text 2

读前任务　Pre-Reading Task

新《中华人民共和国老年人权益保障法》中增加了哪些方面的规定？

新《中华人民共和国老年人权益保障法》

3-6

2013 年 7 月 1 日，中国开始实施新的《中华人民共和国老年人权益保障法》。新法中增加了老年人社会保障、社会服务的有关条款，同时也强调，家庭成员要关心老年人的生活，不得忽视、冷落老年人。

新法规定了老年人住房、婚姻保障等内容。比如，子女要安排好老年人住的地方，不能强迫老年人居住条件差的房子。老年人的婚姻自由受到法律保护，子女或者其他人都不能干涉老年人的离婚、再婚以及婚后的生活等。另外，新法还提出，与老年人分开居住的子女应经常看望或者问候老年人。

目前中国已经进入老龄化社会，但是为老年人服务的养老机构还满足不了需要，每千名老人大概只拥有 30 张床位。因此，国家将鼓励家庭成员与老年人共同生活或者就近居住，为老年人养老提供条件。同时还将加快各种社会保障、社会服务设施的建设。

理解课文 Comprehension of the Text

1. 边读边画：读课文 2 第一段，画出下面问题的答案。

   Read and mark: Read Paragraph 1 of Text 2 and mark the answer to the following question.

   新的《中华人民共和国老年人权益保障法》增加了哪几个方面的有关条款？

2. 框架复述：熟读课文 2 第二段，按照提示词进行复述。

   Retell the framework: Read Paragraph 2 of Text 2 with proficiency and retell it based on the hints given.

   新法规定了……等内容。比如，子女要……，不能……。老年人的婚姻自由受到……，子女或者其他人都不能……以及……。另外，新法还提出，……的子女应……或者……。

3. 边读边填：读课文 2 第三段，完形填空。
Read and fill in the blanks: Read Paragraph 3 of Text 2 and then fill in the blanks.

目前中国已经进入______社会，但是为老年人服务的______机构还满足不了______，每千名老人大概只______30 张床位。因此，国家将鼓励家庭成员与老年人____________或者____________，为老年人养老提供条件。同时还将加快各种社会______、社会______设施的建设。

4. 概括全文大意。
Summarize the general idea of the passage.

第一段：____________________

第二段：____________________

第三段：____________________

学习书面词语与格式　Learn the Formal Words and Structures

1. **不得**忽视、冷落老年人

"不得"，助词，表示"不能、不允许"或者"禁止"，后面一般加动词、动词短语或形容词。例如：

① 六岁以上十四岁以下的儿童、少年都应到学校读书，任何人不得反对。

② 教师要尊重学生，不得轻视或冷落学生。

③ 学校规定，摩托车不得进入校园。

2. 子女或者其他人都不能干涉老年人的离婚、再婚**以及**婚后的生活等

"以及"，连词，连接并列的名词、动词、介词短语、小句。"以及"前面的部分往往是主要的。例如：

① 在这门课上，我们要学习中国的法律，以及一些与法律相关的知识。

② 这种课程的教材内容，都选择与本地区、本国以及世界各地社会生活相关的问题。

③ 同学们最关心的是什么时候考试以及什么时候放假。

练一练

1. 选择与画线词语意思相近的词。

Choose the synonyms of the underlined words.

（1）目前的法律更多地照顾到妇女以及儿童的利益。（　　）

A 和　　B 达到　　C 及时　　D 比得上

（2）这次大会非常重要，任何人不得以任何理由请假。（　　）

A 可以　　B 应该　　C 得不到　　D 不允许

（3）见到父母，他因过于激动而流下了眼泪。（　　）

A 原因　　B 虽然　　C 因为　　D 因此

2. 用所给词语改写句子。

Rewrite the sentences using the words given.

（1）我们通常说的语言三要素包括语音、词汇和语法。（以及）

____

（2）我们需要调查的是这件事是谁做的，他为什么要这么做。（以及）

____

（3）孩子有恋爱的自由，谁也不能干涉。（不得）

____

（4）任何学校都不能在假期通过补课等方式收费。（不得）

____

总结与评论 Review and Comment

1. 概述与总结 Summarize and review

（1）课文中提到了新《中华人民共和国老年人权益保障法》的哪些条款？

（2）提出新法的原因是什么？

（3）你们国家有没有与赡养老年人有关的法律？如果有，请写出主要内容。

2. 思考与表达 Think and express

你认为“常回家看看”写入法律有没有意义？为什么？

5—6 学时　Class Hours 5—6

综合运用　Integrated Use

专业术语运用　Use of Professional Terms

1. 选词填空：读一读给出的专业术语，并选择合适的放在下列句子中。
Blank filling: Read the professional terms given and put the right ones in the following sentences.

赡养　条款　法庭　判决　起诉　权益

（1）这个案件下个月将在北京审理，我们都在等待着最后的______。

（2）在______上你要保证你说的都是真实的。

（3）______父母是成年子女必须承担的义务。

（4）新的婚姻法规定了有关子女抚养问题的一些______。

（5）用人单位如果不按照法律规定允许员工休假，员工可以向法院______。

2. 概念速查：通过工具书或网络查一查下面这些术语的解释并写下来。
Look up the terms: Use a dictionary or website to find out the definitions of the following terms, and then write them down.

（1）义务

（2）案例

（3）虐待罪

（4）择日审判

（5）监护权

语篇与功能　Discourse and Function

常用功能表达

1. 描述变化：本来（原来、原本）……，但是（可是、而、最终）……/

没想到 / 谁想

（1）她本来的理想是成为一名建筑师，可是由于各种各样的原因，最终走上了音乐的道路。

（2）高中三年，她成绩一直非常好，没想到高考那天会突然生病。

（3）有些文学作品原本不太引人注意，但一经评论，便会引起人们极大的兴趣。

2. 引述（1）：数据（材料、研究、调查……）显示

（1）数据显示，人的记忆力随着年龄增加而逐渐衰退。

（2）资料显示，受教育程度越高，犯罪的可能性也越小。

（3）调查显示，冬春交替的第一季度是居民因病休息最多的时期。

练一练

1. 用本单元所学功能表达词语改写句子。

Rewrite the sentences using the words indicating functions learned in this unit.

（1）变化：原本……，可是……

这个暑假，我原来打算去旅行，后来因为要参加朋友的婚礼没去成。

____

（2）变化：本来……，最终……

比赛刚开始，我们队成绩不错，后来对方换了一位水平很高的队员，结果我们队输了。

____

（3）引述：……显示

有一项调查结果告诉我们，电脑游戏对培养儿童的创造力有比较好的效果。

____

（4）引述：……显示

我们在“世界无烟日”发布的材料中看到，目前世界上吸烟的人数已经达到了 11 亿。

____

2. 语义匹配：选择一个正确答案完成句子。

Semantic matching: Choose a right answer to complete each sentence.

（1）父母每天早出晚归，省吃俭用，好不容易______。（　　）

A 身体越来越差　　B 吵得面红耳赤

C 远嫁异国他乡　　D 将子女们养大

（2）看到子女们为父亲的养老问题互相推卸责任，老人感觉______。（　　）

A 很寂寞　　B 很难过　　C 很担心　　D 无所谓

（3）案子结束了，原告和被告都表示______。（　　）

A 付老人赡养费　　B 要求法庭判决

C 尊重法庭判决　　D 提请法庭判决

（4）婚姻法规定，子女应当尊重父母的______，不得干涉父母的离婚、再婚以及婚后的生活。（　　）

A 社会保障　　B 婚姻权利

C 社会服务　　D 养老机构

（5）______不仅是个人和家庭的现实问题，它还涉及政治、经济、文化、社会等领域。（　　）

A 冷落老年人　　B 人口老龄化

C 居住条件好　　D 老人有保障

交际与写作　Communication and Writing

1. 小组讨论：用下面的句式与你的同学就赡养老人及老年人权益保障的问题进行讨论。

Group discussion: Use the sentence patterns below to discuss the issues of supporting the elderly and ensuring their rights and interests with your classmates.

引出话题：你对……问题有什么看法？/……，你觉得呢？/……，你是怎样认为的？

表示赞同：我也有同感……/ 我同意……的看法 / 我觉得……的看法非常有道理

表示反对：我对……有些不同意见 / 我不这么认为 /……的看法有一定的道理，但是……

结束话题：概括起来说……/ 一句话……/ 归根到底……

2. 写一写：使用“引述”这一功能的表达词语，介绍一条你们国家的重要法律，要求不少于200字。

Writing: Write a composition of at least 200 characters to introduce an important law in your country, using words that indicate quotation.

____

____

____

____

____

____

____

____

活学活用 Learn and Use with Flexibility

1. 读下面这个小案例，然后回答问题。

Read the following case and then answer the questions.

小王在北京一家外企工作，今年已经是第五年了。由于公司工作非常忙，而职员又很少，小王工作以后一次也没回过老家。甚至在两年前父亲去世时，公司也没同意他请假回家。他家里还有七十多岁的老母亲，一直盼着儿子能常回家看看。今年春节，小王打算休假。

（1）根据新的《中华人民共和国老年人权益保障法》，本文中小王和公司违反了哪些条款？

条款 1：____

条款 2：____

（2）如果公司不同意小王休假，他可以怎么办？

2. 社会调查 Social survey

请你采访 3—5 位中国朋友，调查一下他们对新《中华人民共和国老年人权益保障法》中有关条款的了解情况，以及他们对这些条款的看法。

扩展阅读　Extended Reading

"常回家看看"入法引起社会关注

"常回家看看"被写入法律，引起了社会的广泛关注。有许多人叫好，但也有人提出疑问。

支持此项立法的观点认为，用法律来强调"常回家看看"没有什么不可以的。在道德不被人重视的情况下，法律就有了重要的作用。"常回家看看"的立法意义不是处罚，而是强调"孝"的社会意义。

有关领导表示，"常回家看看"入法更多的是希望通过法律规定引起人们的重视，虽然是道德方面的内容，但写入法律值得肯定。"重要

1. 关注 guānzhù
2. 项 xiàng
3. 立法 *lìfǎ
4. 观点 guāndiǎn
5. 道德 dàodé
6. 处罚 *chǔfá
7. 孝 xiào
8. 领导 lǐngdǎo
9. 入法 *rù fǎ

的是，今后人们会认识到，不常回家看望老人是违法的。”

反对的观点认为，“常回家看看”是道德、私人事务，如果法律干涉太多，只会收到相反的效果，最后可能导致法律不被遵守。

在北京工作的重庆姑娘小王听到“常回家看看”写入法律的消息，提出了自己的疑问：对于想回家的人来说，即使法律不这样规定，也会想办法回家看望老人。如果不想回家，有了这样的法律也不容易实施。“其实，对很多离家在外的年轻人来说，是想回家而不能。”小王说。

某位教授认为，赡养老人是子女的基本义务，也是中华民族的优秀传统，“常回家看看”应当提倡，但法律不应对家庭生活有太多的干涉。政府和社会应当发挥主要作用，并提倡全社会尊老敬老。

某律师认为，作为一部法规，应该有一定的强制性。但从现实情况来看，经常看望的标准是什么？应当是什么样的频率？如有违反，应当如何制裁？这些方面在法律上并未进一步细化，也无法细化。如果家庭成员和老人关系并不和谐，即使回家看望了，老人可能也无法获得快乐。“常回家看看”主要还是要让更多人尊老爱老。

10. 违法 *wéifǎ
11. 私人 sīrén
12. 事务 shìwù
13. 导致 dǎozhì
14. 遵守 zūnshǒu
15. 基本 jīběn
16. 传统 chuántǒng
17. 提倡 tíchàng
18. 政府 zhèngfǔ
19. 发挥 fāhuī
20. 法规 *fǎguī
21. 强制 *qiángzhì
22. 现实 xiànshí
23. 频率 pínlǜ
24. 违反 wéifǎn
25. 如何 rúhé
26. 制裁 *zhìcái
27. 并 bìng
28. 细化 xìhuà
29. 和谐 héxié

1. 读后回答问题。
Read the passage and then answer the questions.

（1）“常回家看看”写入法律以后，社会上有什么样的看法？

（2）支持立法的人认为这项立法的意义是什么？

（3）反对立法的人的主要观点是什么？

2. 读后根据提示词概括文中主要观点。
Summarize the main standpoints in the passage based on the hints given.

<table>
<tr><th>观点</th><th>代表人物</th><th>提示语</th></tr>
<tr><td rowspan="2">支持</td><td></td><td>没有什么不可以的；不是处罚；强调“孝”的社会意义</td></tr>
<tr><td>有关领导</td><td>引起重视；值得肯定</td></tr>
<tr><td rowspan="4">反对</td><td></td><td>道德、私人事务；相反的效果；不被遵守</td></tr>
<tr><td>小王</td><td>对于想回家的人来说；如果不想回家；不容易实施</td></tr>
<tr><td>某教授</td><td>基本义务；优秀传统；不应有太多的干涉；政府和社会发挥作用</td></tr>
<tr><td>某律师</td><td>经常看望的标准、频率；无法细化；如果关系不和谐；尊老爱老</td></tr>
</table>

3. 除了“常回家看看”这样的法律条款之外，你还了解中国哪些与你们国家不一样的法律条款？查找相关资料，试着分析一下制定这些法律条款的原因。
Besides “visiting home often”, what other Chinese law clauses do you know that are different from those in your country? Do some research and analyze the reasons for these clauses.

学习总结 Learning Summary

1. 我了解到的法律知识：

____

____

2. 我能够运用的新词语：

____

____

3. 我能够运用的新格式：

____

____

4. 学了这一单元，我的收获是：

____

____

5. 我对这一单元的学习 □很满意 □比较满意 □不太满意 □不满意，原因是：

____

____

第四单元 Unit 4

汉字的造字方法
Methods of Creating Chinese Characters

学习目标 Learning Objectives

1. 了解专业知识：汉字的造字方法
2. 掌握专业术语：甲骨文、笔画、象形、指事、偏旁、会意、形声
3. 使用书面词语与格式：表示
   象征
   来
   尤其
   由
4. 进行功能表达：比喻：像……一样 / 好像 / 仿佛
   解释：……是……的意思 / 意思是 / 就是 / 表示 / 实际上 / 其实 / 也就是说 / 指的是 / 不是……，而是……/ 我们这里所说的……

1—2 学时 Class Hours 1—2

热身 Warm-up

1. 你最喜欢的汉字是哪个？为什么？
2. 下列古文字是现代汉语中的哪个汉字？请画线连接。

日　　月　　雨　　羊　　鱼

词语学习 Vocabulary Learning

通用词语 Common Words

4-1

	生词	拼音	词性	释义
1.	充满	chōngmǎn	动	to be full of
2.	生机	shēngjī	名	vitality
3.	幼苗	yòumiáo	名	seedling
4.	温暖	wēnnuǎn	形	warm
5.	草木	cǎomù		vegetation
6.	茂盛	màoshèng	形	lush, flourishing
7.	除夕	chúxī	名	Chinese New Year's Eve
8.	形状	xíngzhuàng	名	shape
9.	除去	chúqù	动	to get rid of, to remove
10.	留恋	liúliàn	动	to recall with nostalgia
11.	夜晚	yèwǎn	名	night
12.	迎接	yíngjiē	动	to welcome, to usher in
13.	壶	hú	名	kettle, pot
14.	象征	xiàngzhēng	动	to symbolize, to stand for
15.	好运	hǎoyùn	名	good luck

专业术语　Professional Terms

4-2

	生词	拼音	词性	释义
1.	甲骨文	jiǎgǔwén	名	oracle bone inscriptions
2.	古文	gǔwén	名	Chinese script before the Qin Dynasty (221-206 BC)

词语练习　Vocabulary Exercises

1. 朗读并查找：朗读生词表中的生词，并在课文中画出这些生词。
   Read and search: Read aloud the new words in the vocabulary list and circle these words in the text.

2. 生词连线：写拼音，连英文。
   Matching: Write down the *pinyin* of the new words and match them with the English explanations.

幼苗	yòumiáo ________	shape
温暖	________	seedling
充满	________	warm
形状	________	to be full of
夜晚	________	good luck
象征	________	night
好运	________	to symbolize, to stand for

3. 词语扩展：读一读下面的扩展形式，再写出两个。
   Vocabulary development: Read the expanded forms of the words and write two more.

   (1) 幼 - —— 幼苗　幼儿　______　______

   (2) 夜 -/- 夜 —— 夜晚　黑夜　______　______

   (3) 充满 —— 充满生机　充满活力　______　______

   (4) 迎接 —— 迎接新年　迎接客人　______　______

   (5) 温暖 —— 温暖的家　很温暖　______　______

4. 选词填空：读一读给出的生词，并选择合适的放在下列句子中。
Blank filling: Read the new words given and put the right ones in the following sentences.

生机　茂盛　除夕　留恋　象征　好运

（1）玫瑰（méigui, rose）花______着爱情。

（2）春节的前一天叫______。

（3）这儿草木______，风景优美。

（4）他很______过去的生活。

（5）春天来了，到处都充满______。

课文 1 Text 1

听前任务 Pre-Listening Task

听课文，记录一下课文中讲解了哪几个汉字，听后与同学讨论并互相补充。

自己记录的	同学补充的

汉字与春节

4-3

说到中国的传统节日，大家可能第一个想到的就是春节，它是中国人最重要的节日，是春天的开始。这时，大自然中的万物睡了一个冬天，都慢慢地醒来了，大地又充满了生机。“春”字是怎么来的呢？让我们先来看一看“春”字的字形。

“春”的甲骨文字形中，有草，有太阳，还有一个“屯”。“屯”，就

像幼苗刚长出来的样子。春天，阳光很温暖，草木长得很茂盛，阳光、草木、幼苗一起展示了“春”的特点。

春节的前一天晚上叫除夕，“夕”的古文字字形是月亮的形状，表示

“晚上”，“除”是“除去”的意思，“除夕”表示“过了这个晚上就迎来了新年”。每年的最后一个晚上是一年中最值得留恋的夜晚，在这个夜晚，全家人要坐在一起吃年夜饭，聊天儿，迎接新年的到来。

过春节的时候还有一个非常重要的活动——贴“福”字。“福”字的甲骨文字形像双手捧着满满的一壶酒和一张桌子，这个字表示人们用美酒来求得幸福。后来，“福”就有了“幸福”的意思，象征着好运。

理解课文　Comprehension of the Text

1. 根据课文内容回答问题。
Answer the questions based on the text.

（1）春节是什么季节的开始？

（2）甲骨文“春”字中的“屯”像什么？

（3）“夕”的古文字形像什么？

（4）“除夕”中的“除”是什么意思？

（5）“福”的甲骨文字形像什么？

2. 根据课文内容判断正误。
Decide whether the following statements are right or wrong based on the text.

（1）中国人最重要的节日是春节。　（　　）

（2）甲骨文“春”字由“草”和“太阳”两部分构成。　（　　）

（3）除夕指的是春节前一天晚上。　（　　）

（4）春节时人们都要喝美酒。（ ）

（5）“福”字象征着好运。（ ）

3. 分析一下下列古文字形，它们包含了哪几部分？分别代表了什么意思？
Analyze the ancient forms of the following characters. How many parts are there in each character? What does each part stand for?

	车	
	鹿	
	射	

学习书面词语与格式 Learn the Formal Words and Structures

1.“夕”的古文字形是月亮的形状，**表示**“晚上”

“表示”，动词，指事物本身显出某种意义或者依靠某种事物显出某种意义。例如：

① 有的汉字不但可以表示读音，还可以表示意义。

② 马路上，红灯表示停止，绿灯表示放行。

③“福”字的甲骨文字形像双手捧着满满的一壶酒和一张桌子，这个字表示人们用美酒来求得幸福。

练一练：用“表示”改写句子。
Rewrite the sentences using“表示”.

（1）海上红色的灯光告诉我们那儿有礁石（jiāoshí, reef）。

______

（2）有时中国人说“以后再说吧”，他其实是在拒绝。

______

（3）发烧可以告诉我们身体出现问题了。

______

（4）当我们看到花开了，草绿了，天气暖和了，我们就知道春天来了。

____

2. 后来，“福”就有了“幸福”的意思，**象征**着好运

“象征”，动词，指用具体的事物表现某种特殊意义，常常与“着”一起用。例如：

①鸽子象征和平。

②在中国，红色象征着喜庆。

③人们把“福”字贴在门上，象征着福到了。

练一练：同样的事物在不同的国家有不同的象征意义，说说下列事物在你们国家象征着什么。

The same thing in different countries indicates different meanings. Explain what the following things symbolize in your country.

（1）太阳象征着______，月亮象征着______。

（2）花儿象征______________________。

（3）______象征男人，______象征女人。

（4）白色象征着______。

总结与评论　Review and Comment

1. 概述与总结 Summarize and review

（1）学完本文，你了解春节的来历了吗？简单说一说。

（2）除夕的晚上，人们常常做什么事情？

（3）春节时的一项重要活动是什么？有什么意义？

2. 思考与表达 Think and express

关于春节的习俗，除了课文中提到的，你还了解哪些？简单介绍一下。

3—4 学时 Class Hours 3—4

热身 Warm-up

1. 汉字跟你们国家的文字有什么不同？简单说一说。
2. 你有什么学习、记忆汉字的好方法？

词语学习 Vocabulary Learning

通用词语 Common Words

4-4

	生词	拼音	词性	释义
1.	记录	jìlù	动	to keep a record of
2.	符号	fúhào	名	symbol
3.	系统	xìtǒng	名 / 形	system; systematic
4.	演变	yǎnbiàn	动	to evolve
5.	描画	miáohuà	动	to draw, to describe
6.	事物	shìwù	名	thing, object
7.	具体	jùtǐ	形	specific, concrete
8.	刃	rèn	名	edge of a knife or sword, etc.
9.	刀锋	dāofēng	名	edge of a knife or sword, etc.
10.	标记	biāojì	动 / 名	to mark, to label; marker
11.	类	lèi	量	type, category
12.	类型	lèixíng	名	type, kind

专业术语 Professional Terms

4-5

	生词	拼音	词性	释义
1.	表意文字	biǎoyì wénzì		ideographic writing system
2.	表音文字	biǎoyīn wénzì		phonographic writing system
3.	字母	zìmǔ	名	letter(s) of an alphabet

4.	笔画	bǐhuà	名	stroke(s) of a Chinese character
5.	象形	xiàngxíng	名	pictographic character
6.	指事	zhǐshì	名	indicative character
7.	独体字	dútǐzì		independent character
8.	偏旁	piānpáng	名	radical on one side of a character
9.	部件	bùjiàn	名	component of a character
10.	合体字	hétǐzì		compound character
11.	会意	huìyì	名	associative compound
12.	形声	xíngshēng	名	pictophonetic compound
13.	形旁	xíngpáng	名	semantic component
14.	声旁	shēngpáng	名	phonetic component

词语练习　Vocabulary Exercises

1. 读例句，学生词：朗读下面词语的用例，思考这些词语的用法。
Read and learn: Read aloud the example sentences of the following words and think about the usage of these words.

（1）记录

① 这本书记录了那个时代的历史。

② 我要把这次旅行中有意思的事情记录下来。

③ 文字是记录语言的书写符号系统。

（2）标记

① 我在地图上标记了旅游路线。

② 老师在我的报告上标记出了需要修改的地方。

③ 上课的时候，我们可以一边听课文，一边在课本上做标记。

（3）系统

① 文字是记录语言的书写符号系统。

② 这套新的系统我还没有完全掌握。

③ 我打算系统研究一下中国古代的丝绸之路。

（4）演变

① 世界上的一切事物都是在不断演变的。

② 最基本的汉字是从图画演变来的。

③ 每个国家的产生和发展都经历了复杂的历史演变。

（5）描画

① 他在纸上描画出了妈妈的样子。

② 这部作品描画了年轻人的浪漫爱情。

③ 象形字是用直接描画事物形状的方法造出来的汉字。

（6）事物

① 每天都有新事物出现，因此，我们应该不断学习。

② 我们应该鼓励孩子热爱生活和追求美好事物。

③ 人们往往对新鲜事物充满好奇。

（7）具体

① 请你把地址写得具体一点儿。

② 我们的老板不负责具体工作。

③ 现在我只能告诉你大概的情况，具体内容咱们见面再谈。

（8）类

① 他把东西分成几类进行包装。

② 我喜欢篮球、足球这一类的运动。

③ 请把同类的商品放在一起。

2. 词语扩展：读一读下面的扩展形式，再写出两个。

Vocabulary development: Read the expanded forms of the words and write two more.

（1）– 记 / 记 – —— 标记　记录　______　______

（2）– 变 / 变 – —— 演变　变化　______　______

（3）事 –/– 事 —— 事物　往事　______　______

（4）系统 —— 符号系统 组织系统 ________ ________

（5）具体 —— 具体内容 具体情况 ________ ________

3. 选词填空：读一读给出的生词，并选择合适的放在下列句子中。
Blank filling: Read the new words given and put the right ones in the following sentences.

记录	演变	描画	具体	标记	类型

（1）这张画______了他们当时浪漫的场面。

（2）我们这次旅行一路要去哪几个地方，你最好先在地图上______出来。

（3）A：你们两个人为什么分手了？

B：他不是我喜欢的______。

（4）写日记就是为了把每天发生的事情______下来。

（5）请告诉我你的______地址，以便我给你寄包裹。

4. 选词填空：选择合适的专业术语填空。
Blank filling: Choose the right terms to fill in the blanks.

表意文字	表音文字	象形	字母	指事	偏旁	形声	形旁	声旁

（1）"妈"是一个______字，"女"是______，"马"是______。

（2）汉字是______，英文是______。

（3）"刃"是一个______字。

（4）"love"这个单词中，"l、o、v、e"都是______。

（5）"山"是一个______字，它也可以作为______。

课文 2 Text 2

读前任务 Pre-Reading Task

课文中主要介绍了汉字的哪几种造字方法？

汉字的造字方法

4-6

文字是记录语言的书写符号系统。汉字是表意文字，跟表音文字有很大的区别。表音文字是用数量不多的符号，也就是字母来记录语音。而汉字是用不同笔画构成的表意符号来记录汉语。

人们常常会觉得，汉字，尤其是古代汉字，就像是画一样。实际上，最基本的汉字就是从图画演变来的，比如“人、刀、山、日”，等等。这些字直接描画事物的具体形状，这种造字方法叫作“象形”。

造出了象形字，再造其他的字就容易了。比如“刃”，要表示刀锋，只要在“刀”字上加一个点，标记出位置就可以了。这种造字方法叫作“指事”。

象形字和指事字都是独体字，它们是汉字系统的基础，可以变成偏旁或部件，构成合体字。合体字也有两类，一类是会意字。这类字里的部件都表示与字有关的意义，把部件的意义合起来就是字义。比如将两个“木”字放在一起是“林”，表示许多树。另一类是形声字，由两个部件构成，一个部件表示字的意义，叫作形旁，另一个部件表示字的读音，叫作声旁。比如“奶”字，“女”表示这个字的意义——“女性”，“乃”表示这个字的读音。形声字是合体字的主要类型。

象形字和指事字是独体字，它们可以变成部件，构成会意字、形声字这样的合体字。成千上万个汉字就是用象形、指事、会意、形声这四种方法造出来的。

理解课文 Comprehension of the Text

1. 边读边填：读课文 2 第一段，完形填空。

Read and fill in the blanks: Read Paragraph 1 of Text 2 and then fill in the blanks.

文字是记录语言的______系统。汉字是表意文字，跟______有很大的区别。表音文字是用数量不多的______来记录______。而汉字是用不同______构成的表意符号来记录汉语。

2. 框架复述：熟读课文 2 第二、三、四段，按照提示词进行复述。
Retell the framework: Read Paragraphs 2, 3 and 4 of Text 2 with proficiency and retell them based on the hints given.

第二段	最基本的汉字就是从……来的，比如，……。这些字直接……，这种造字方法叫作……
第三段	造出了象形字，……就容易了。比如"刃"，要表示……，只要……就……。这种造字方法叫作……
第四段	……和……都是独体字，它们是……的基础，可以变成……或……，构成……。合体字有……，一类是……。这类字里的部件都表示……，……就是字义。比如……。另一类是……，由……构成，一个部件表示……，另一个部件表示……。比如……字，……表示……，……表示……。形声字是……的主要类型。

3. 边读边填：读课文 2 第五段，完形填空。
Read and fill in the blanks: Read Paragraph 5 of Text 2 and then fill in the blanks.

独体字包括______和______。独体字可以变成______，构成______。______和______是合体字。汉字是用______、______、______、______四种方法造出来的。

学习书面词语与格式　Learn the Formal Words and Structures

1. 表音文字是用数量不多的符号，也就是字母**来**记录语音

"来"，动词，可以用在动词结构（或介词结构）与动词（或动词结构）之间，表示前者是方法、方向或态度，后者是目的。例如：

① 我喜欢拿英文电影来练习英语听力。

② 他摘了一片叶子来当雨伞。

③你能用什么理由来说服他呢？

2. 人们常常会觉得，汉字，**尤其**是古代汉字，就像是画一样

“尤其”，副词，表示在全体中或与其他事物比较时特别突出。一般用在句子的后一部分。例如：

① 汉字，尤其是一些象形字，就像是画一样。

② 我喜欢国画，尤其喜欢山水画。

③ 运动对健康有好处，尤其是工作紧张时，更需要运动。

3. 另一类是形声字，**由**两个部件构成

“由”，介词，表示方式、原因或来源，常用的组合方式为“由 + 名词词组 + 动词 / 动词词组”。例如：

① 形声字由形旁和声旁构成。

② 他的心脏病是由感冒引起的。

③ 我们班由七个国家的学生组成。

练一练

1. 用“尤其”完成句子。

Complete the sentences using “尤其”.

（1）他喜欢唱歌，____________________。

（2）我们班的同学都很努力，____________________。

（3）我想去世界各地旅行，____________________。

（4）我们家的人都喜欢运动，____________________。

2. 用所给词语或格式改写句子。

Rewrite the sentences using the words or structures given.

（1）学校的校长是大家选出来的。（由……选）

____

（2）我们的课程包括口语、听力、阅读、写作四个部分。（由……构成）

____

（3）他酒后开车，发生了交通事故。（由……引起）

____

（4）为了提醒自己别忘了，他把重要的事情都写在了本子上。（来）

____

（5）为了奖励（jiǎnglì, to award）同学们，老师准备了很多小礼物。（来）

____

总结与评论 Review and Comment

1. 概述与总结 Summarize and review

（1）用自己的话说一说汉字的造字方法。

（2）说一说表音文字与表意文字的区别。

2. 思考与表达 Think and express

在学习汉字时，你想过每个汉字的构成方式吗？学完本课以后，找几个汉字，试着分析一下它们的造字方法。

5—6 学时 Class Hours 5—6

综合运用 Integrated Use

专业术语运用 Use of Professional Terms

1. 选词填空：读一读给出的专业术语，并选择合适的放在下列句子中。
Blank filling: Read the professional terms given and put the right ones in the following sentences.

甲骨文	笔画	象形	偏旁	合体	会意

（1）现在的汉字是从______演变来的。

（2）形声字是______字中的一类。

（3）"一""丨""丿"都是汉字的______。

（4）"人、山、日"都是______字。

（5）"讠""氵""扌"都是汉字的______。

2. 概念速查：通过工具书或网络查一查下面这些术语的解释并写下来。
Look up the terms: Use a dictionary or website to find out the definitions of the following terms, and then write them down.

（1）横

（2）竖

（3）撇

（4）点

（5）折

语篇与功能 Discourse and Function

常用功能表达

1. 比喻：像……一样 / 好像 / 仿佛

（1）天上的白云一会儿像一只小狗，一会儿像一朵花。

（2）人们常常会觉得，汉字，尤其是古代汉字，就像是画一样。

（3）这种花看起来好像星星一样。

2. 解释：……是……的意思 / 意思是 / 就是 / 表示 / 实际上 / 其实 / 也就是说 / 指的是 / 不是……，而是……/ 我们这里所说的……

（1）“除”是“除去”的意思，“除夕”表示“过了这个晚上就迎来了新年”。

（2）“女”是“妈”的形旁，也就是说“妈”的意义与“女”有关。

（3）两个“木”字放在一起是“林”，表示许多树。

练一练

1. 用本单元所学功能表达词语写句子。

Write the sentences using the words indicating functions learned in this unit.

（1）比喻：像……一样

用比喻的方法描写一个人的外貌，比如：眼睛、头发、脸、皮肤，等等。

____

（2）比喻：好像

用比喻的方法描写你最喜欢的地方的景色，比如：天空、树木、海水，等等。

____

（3）解释：就是

打的 = 坐出租车

____

（4）解释：……是……的意思

萌（méng）= 可爱

顾名思义 = 看到名称，就联想到它的意义

____

2. 语义匹配：选择一个正确答案完成句子。

Semantic matching: Choose a right answer to complete each sentence.

（1）今年夏天，雨水很充足，草木______。（　　）

A 长得很舒服　　B 玩儿得很开心

C 长得很茂盛　　D 觉得很温柔

（2）青春是每个人一生中最______的一段时间。（　　）

A 取得成绩　　B 值得留恋

C 价值昂贵　　D 难得遇见

（3）这种新款手机跟老款相比，______。（　　）

A 有很多的乐趣　　B 有很高的标准

C 有很长的历史　　D 有很大的区别

（4）很多最基本的汉字是______的，有很大的象形特点。（　　）

A 从图画演变来　　B 从兴趣发展来

C 从小养成　　D 自然创造出来的

（5）这里聚集着______只鸟儿，真是鸟儿的"天堂"。（　　）

A 四面八方　　B 五颜六色

C 成千上万　　D 七上八下

交际与写作　Communication and Writing

1. 小组讨论：用下面的句式与你的同学就汉字的造字法进行讨论。

Group discussion: Discuss the methods of character formation with your classmates using the following sentence patterns.

开始话题：你知道吗？……/ 你学过吗？……

引入话题：说起（说到、提起）……

改变话题：说到……，我想起来了……

退出交谈：我先说这些，你们接着谈吧。

2. 写一写：使用“比喻”这一功能的表达词语，写一处你喜欢的名胜古迹，要求不少于200字。

Writing: Write a composition of at least 200 characters to describe a scenic spot or historic site you like, using metaphoric words.

____

____

____

____

____

____

____

____

活学活用 Learn and Use with Flexibility

1. 读一读下面这篇文章，读后完成下面的表格。

Read the following passage and then complete the table.

甲骨文的“牛”（）像一个牛头。过去人们主要用牛耕地。所以，中国人很喜欢牛，认为牛勤劳能干。甲骨文的“虎”（），头向上，尾巴向下，身上还有花纹。中国人觉得，老虎的头上写着一个大大的“王”字，所以虎是动物中的“王”。

“木”表示树木，原来写成“”。树木的根怎么表示呢？只需要在“木”下面加一横，标出来就可以了，这就是“本”()。现在，我们还常说“根本”。

“休”，“亻”就是“人”，把“人”和“树木”拼到一起，表示一个人靠着树木休息，就表现了“休息”的情景。

有些字的偏旁可能让我们感到奇怪，比如“财”“账”“货”等，它们都表示与钱有关的意思，可为什么它们的偏旁是“贝”呢？其实，“贝”就是“贝壳”，古时候中国人把贝壳当钱用，所以跟钱有关的字就用“贝”做偏旁了。

古文	今文	造字方法

	休	
	财、账、货	

2. 社会调查 Social survey

课文 2 讲了汉字的四种造字法，除了文中所出现的汉字以外，你还知道别的例子吗？采访 3 个同学，看看他们还知道哪些例子，然后把所有的例子归纳整理成如下表格，调查时尽量使用本课学过的交际方法。

	象形字	指事字	会意字	形声字
我知道的				
同学知道的				

扩展阅读 Extended Reading

不可缺少的标点符号

标点符号是辅助文字记录语言的符号，是用来表示停顿、语气或词语的性质的。它和文字符号共同构成了现代汉语书面语言的两大组成部分。有些人认为标点符号是可有可无的，

1. 标点符号 *biāodiǎn fúhào
2. 辅助 fǔzhù
3. 停顿 tíngdùn
4. 语气 *yǔqì
5. 性质 xìngzhì

其实，标点符号能起到与文字一样的作用，甚至可以起到文字所不及的表达作用。

现代汉语中常用的标点符号有17种，分点号和标号两大类。点号主要表示语句的各种停顿，句末点号也表示语气。标号的作用主要是用来标明词语或句子的性质和作用。例如：“鲁迅的《故乡》”不同于“鲁迅的故乡”，他们的区别就在于其中的书名号《》。

常用的17种标点符号列表如下：

7种点号的名称和形状

名称	句末点号			句内点号			
	句号	问号	叹号	逗号	顿号	分号	冒号
形状	。	？	！	，	、	；	：

10种标号及其形状

名称	破折号	括号	省略号	书名号	引号
形状	——	（ ）	……	《 》	“ ”

名称	连接号	间隔号	着重号	专名号	分隔号
形状	— 或～	·	.	—	/

古书一般是没有标点的，读书人首先要学会断句。怎么断句？用句读分析。句读分析也就是对句子的结构单位及其关系的分析，即句子的结构形式和语义关系的分析。句读分析的结果，古人用圈（句号）和点（读号）表示出

6. 书面 shūmiàn
7. 组成 zǔchéng
8. 点号 *diǎnhào
9. 标号 *biāohào
10. 书名号 *shūmínghào
11. 列 liè
12. 如下 rúxià
13. 名称 míngchēng
14. 句号 *jùhào
15. 问号 *wènhào
16. 叹号 *tànhào
17. 逗号 *dòuhào
18. 顿号 *dùnhào
19. 分号 *fēnhào
20. 冒号 *màohào
21. 破折号 *pòzhéhào
22. 括号 *kuòhào
23. 省略号 *shěnglüèhào
24. 引号 *yǐnhào
25. 连接号 *liánjiēhào
26. 间隔号 *jiàngéhào
27. 着重号 *zhuózhònghào
28. 专名号 *zhuānmínghào
29. 分隔号 *fēngéhào
30. 断句 *duànjù
31. 句读 *jùdòu
32. 分析 fēnxī

来。习惯上也就把“圈”“点”称为句读。断句不同，文意就不同；断句错误，就可能会引起误会。我们来看个小故事：

有位书生到亲戚家做客，突然外面下起雨来，这时快到晚上了，他打算住下来。但这位亲戚却不乐意，于是就在纸上写了一句话：“下雨天留客天留人不留”。他想说的意思是：“下雨，天留客，天留，人不留。”书生看了，在这句话上加了几个标点：“下雨天，留客天，留人不？留！”亲戚一看，这句话的意思跟自己想的完全相反。但也无话可说，只好让书生住下来了。

其实，这句话除了书生和亲戚的这两种标点办法外。还有两种标法，可分别使它变成疑问、问答两种句式，我们来加上标点试一试。疑问句：“下雨天，留客天，留人不留？”问答句：“下雨天，留客天，留人？不留！”

可见，标点符号有非常重要的作用。

33. 单位 dānwèi
34. 即 jí
35. 圈 quān
36. 书生 shūshēng
37. 乐意 lèyì
38. 分别 fēnbié
39. 疑问句 *yíwènjù
40. 可见 kějiàn

1. 看看下列句子中应该用什么标点符号。
Fill in the blanks with the right punctuation marks.

（1）你明天来吗______

（2）妈妈说______到了北京给我打个电话______

（3）这里的风景真美啊______

（4）我非常喜欢看______我的一生______这本书。

（5）我喜欢吃的水果有苹果______葡萄______香蕉______梨，等等。

（6）对西方学生来说______汉字太难了。

2. 读一篇短文，试着找一找文章中的“冒号、引号、顿号、破折号、括号、省略号”，想一想它们的使用功能，并把例句记录下来。
Read a short essay and find the colons, quotation marks, slight-pause marks, dashes, brackets and ellipses in it. Think about their functions and note down the example sentences.

学习总结 Learning Summary

1. 我了解到的汉字知识：

____

____

2. 我能够运用的新词语：

____

____

3. 我能够运用的新格式：

____

____

4. 学了这一单元，我的收获是：

____

____

5. 我对这一单元的学习 □很满意 □比较满意 □不太满意 □不满意，原因是：

____

____

第五单元 Unit 5

高考
Gaokao (National Higher Education Entrance Examination)

学习目标 Learning Objectives

1. 了解专业知识：中国传统教育思想、中国的教育制度、高考
2. 掌握专业术语：因材施教、孔子、教育家、教学、高考、高等学校、高等教育、学前教育、初等教育、中等教育、考生、教育部
3. 使用书面词语与格式：于
   则
   对……来说
   连……都……
   以免
4. 进行功能表达：推论：可见 / 由此可见 / 否则
   选择：不是……就是……/ 或者……或者……/ 要么……要么……

1—2 学时　Class Hours 1—2

热身　Warm-up

1. 你能简单介绍一位你们国家的教育家吗？
2. 你知道孔子吗？介绍一下你知道的孔子。

词语学习　Vocabulary Learning

通用词语　Common Words

5-1

	生词	拼音	词性	释义
1.	伟大	wěidà	形	great
2.	思想家	sīxiǎngjiā	名	thinker, ideologist
3.	主张	zhǔzhāng	动 / 名	to advocate; proposition
4.	活	huó	动 / 形	to live; alive
5.	同样	tóngyàng	形	same
6.	立刻	lìkè	副	immediately
7.	周到	zhōudào	形	thoughtful, considerate
8.	则	zé	连	*a conjunction indicating contrast*
9.	行为	xíngwéi	名	behavior
10.	编	biān	动	to compile, to edit
11.	产生	chǎnshēng	动	to exert
12.	指导	zhǐdǎo	动	to guide, to direct

专业术语　Professional Terms

5-2

	生词	拼音	词性	释义
1.	因材施教	yīncái-shījiào		to teach students according to their aptitude

2.	孔子	Kǒngzǐ		Confucius, an educationist and philosopher of the Spring and Autumn Period (770-476 BC)
3.	教育家	jiàoyùjiā	名	educationist
4.	教学	jiàoxué	名	teaching

专有名词 Proper Nouns

5-3

	生词	拼音	释义
1.	子路	Zǐlù	Zilu, an outstanding student of Confucius
2.	冉有	Rǎn Yǒu	Ran You, an outstanding student of Confucius
3.	公西华	Gōngxī Huá	Gongxi Hua, an outstanding student of Confucius

词语练习 Vocabulary Exercises

1. 朗读并查找：朗读生词表中的生词，并在课文中画出这些生词。
   Read and search: Read aloud the new words in the vocabulary list and circle these words in the text.

2. 生词连线：写拼音，连英文。
   Matching: Write down the *pinyin* of the new words and match them with the English explanations.

伟大	wěidà	to exert
主张	________	behavior
产生	________	to advocate; proposition
同样	________	great
立刻	________	immediately
指导	________	same
周到	________	thoughtful, considerate
行为	________	to guide, to direct

3. 词语扩展：读一读下面的扩展形式，再写出两个。
Vocabulary development: Read the expanded forms of the words and write two more.

（1）– 家 —— 思想家 教育家 ______ ______

（2）同 – —— 同样 同窗 ______ ______

（3）主张 —— 艺术主张 主张真实 ______ ______

（4）伟大 —— 伟大的人 伟大的建筑 ______ ______

（5）产生 —— 产生影响 产生作用 ______ ______

4. 选词填空：读一读给出的生词，并选择合适的放在下列句子中。
Blank filling: Read the new words given and put the right ones in the following sentences.

同样	产生	主张	则	编	指导

（1）因为有了老师的______，他这次考试成绩很不错。

（2）以前有人对我说过______的话，我记不清楚是谁了。

（3）这件事对我______了很大的影响，我永远也忘不了。

（4）他______无论什么人，都应该得到受教育的机会。

（5）很多人都喜欢看电视，我______喜欢看书。

课文 1 Text 1

听前任务 Pre-Listening Task

听课文，记录生词，并尝试简要记录表示孔子的语言和行为的词或句子。

因材施教

5-4

孔子（公元前 551—公元前 479 年）是中国伟大的思想家、教育家。他主张“因材施教”，在教育学生时，他根据学生的性格、兴趣、能力等特点对他们进行不同的教育，帮助每个学生都取得成功。

有一次，孔子的学生子路问他："听到一件正确的事，我应该马上去做吗？"孔子回答："你的父亲和哥哥都还活着，怎么能不问问他们的意见呢？"子路走了以后，另一个学生冉有进来了，也问了孔子同样的问题。孔子回答："既然听到了就应该立刻去做。"

第三个学生公西华看到以后，觉得很奇怪。他问孔子："他们两个问了同样的问题，您的回答为什么却不同呢？"

孔子说："子路很粗心，做事考虑不周到，所以我让他多听听别人的意见，不要急于去做；冉有则不太勇敢，所以我鼓励他马上去做。"

由此可见，孔子非常重视"因材施教"。

孔子死后，他的学生们把他平时教学时说过的话和他的一些行为编成了《论语》。这本书对中国的教育产生了非常重要的影响。直到今天，中国人还在按照《论语》中的一些名言指导自己的行为。

理解课文 Comprehension of the Text

1. 根据课文内容回答问题。
   Answer the questions based on the text.

   （1）孔子是什么人？

   （2）他的教育主张是什么？

   （3）第一个学生问他时，他是怎么回答的？

   （4）第二个学生问他时，他是怎么回答的？

   （5）孔子对同样的问题却有不同的回答，原因是什么？

2. 根据课文内容判断正误。
   Decide whether the following statements are right or wrong based on the text.

   （1）这篇课文主要介绍了孔子的政治思想。（ ）

   （2）"因材施教"是指对不同的学生采用不同的教育方法。（ ）

   （3）子路和冉有性格不同，做事的方法也不同。（ ）

（4）《论语》是孔子自己的著作。 （ ）

（5）今天的中国人仍然遵从《论语》的思想。 （ ）

3. 下面左列是孔子的一些著名的教育思想，查一查它们的意思，将其与右列的解释连起来。

Some famous educational ideas of Confucius' are listed on the left column. Find out their meanings and match them with the explanations on the right column.

（1）有教无类	a. 可以向不如自己的人请教问题
（2）三人行必有我师	b. 经常复习学过的东西，可以得到新的理解和认识
（3）温故知新	c. 不管什么样的人都可以接受教育
（4）不耻下问	d. 每一个人都有值得我们学习的地方

学习书面词语与格式 Learn the Formal Words and Structures

1. 不要**急于**去做

“于”在古代汉语中是介词，在现代汉语中除做介词外，还可以做构词成分，放在部分单音节形容词后边组成新的词，这样的新词后边常常加动词。常用的有“急于、便于、忙于、乐于、易于、难于、敢于”等。读一读下边的句子，体会一下这类词的用法。

① 很多毕业生急于找工作，不能安心学习。

② 为了便于学生复习，老师编写了很多练习题。

③ 他每天忙于工作，没有时间考虑结婚的事儿。

练一练：选词填空。Choose the words to fill in the blanks.

乐于 易于 难于 敢于

（1）为了______理解，老师把每个语法点都翻译成了英语。

（2）他说话非常直接，______说出自己的真实想法。

（3）他______帮助别人，深受大家欢迎。

（4）这件事对还是不对，真是______判断。

2. 冉有则不太勇敢

“则”，连词，表示对比。一般用于后面一个句子的主语后，语义与前面不同或相反。例如：

① 大部分人喜欢看电影，我则喜欢看书。

② 这里的冬天比较冷，春天则比较温暖。

③ 英语语法比较清楚，汉语则不然。

练一练：用“则”完成句子。
Complete the sentences using “则”.

（1）我太太常常打扫房间，________________________________。

（2）很多人都喜欢用电脑写作，________________________________。

（3）英语是表音文字，________________________________。

总结与评论 Review and Comment

1. 概述与总结 Summarize and review

（1）课文中谈到了孔子的哪种教育思想？怎么定义这种教育思想？

（2）讲一讲课文中的小故事。

2. 思考与表达 Think and express

你认为孔子的教育方法怎么样？有什么好处或者坏处？

3—4 学时 Class Hours 3—4

热身 Warm-up

1. 在你的国家，上大学难不难？为什么？
2. 你知道中国学生怎么才能上大学吗？

词语学习 Vocabulary Learning

通用词语 Common Words

5-5

	生词	拼音	词性	释义
1.	简称	jiǎnchēng	名	abbreviation, short form
2.	能否	néng fǒu		whether can or not
3.	进入	jìnrù	动	to enter
4.	如此	rúcǐ	代	so, such
5.	失眠	shīmián	动	to lose sleep, to suffer from insomnia
6.	头痛	tóu tòng		headache
7.	现象	xiànxiàng	名	phenomenon (*pl.* phenomena)
8.	大声	dà shēng		loud
9.	期间	qījiān	名	period, duration
10.	工地	gōngdì	名	construction site
11.	限制	xiànzhì	动	to limit
12.	社会	shèhuì	名	society
13.	关注	guānzhù	动	to pay close attention to
14.	命运	mìngyùn	名	fortune
15.	显然	xiǎnrán	形	obvious
16.	制度	zhìdù	名	system
17.	改革	gǎigé	动	to reform

专业术语 Professional Terms

5-6

	生词	拼音	词性	释义
1.	高考	gāokǎo	名	national higher education entrance examination
2.	高等学校	gāoděng xuéxiào		institution of higher education, colleges and universities
3.	入学	rùxué	动	to be enrolled in
4.	高等教育	gāoděng jiàoyù		higher education
5.	学前教育	xuéqián jiàoyù		preschool education
6.	初等教育	chūděng jiàoyù		primary education
7.	中等教育	zhōngděng jiàoyù		secondary education
8.	考生	kǎoshēng	名	examinee
9.	家长	jiāzhǎng	名	parents
10.	教育部	jiàoyùbù		Ministry of Education

词语练习 Vocabulary Exercises

1. 读例句，学生词：朗读下面词语的用例，思考这些词语的用法。
Read and learn: Read aloud the example sentences of the following words and think about the usage of these words.

（1）进入

① 请大家排好队，按照顺序进入博物馆。

② 预科学习结束以后，我们将进入大学的不同专业学习。

③ 进入二十一世纪，中国迎来了新的发展。

（2）如此

① 既然如此，我们就不能急于做决定，还得再商量一下。

② 原来如此，看来是我误会你了。

③ 两座城市的发展如此不同，值得我们研究。

（3）能否

① 这次考试将决定你能否顺利进入大学学习。

② 这样的条件你能否接受？

③ 我也不知道我能否通过 HSK 四级考试。

（4）现象

① 这是一种自然现象，没什么奇怪的。

② 离婚的人越来越多，已经成为一种社会现象。

③ 年轻人认为金钱是最重要的，这是一种不好的现象。

（5）限制

① 父母不能限制孩子的自由。

② 上课时老师可以对学生使用手机进行限制。

③ 不文明的行为将受到更加严格的限制。

（6）关注

① 这件事引起了全社会的关注。

② 老师和家长都应该关注孩子的心理健康。

③ 环境问题已经得到了世界各国的关注。

（7）期间

① 在上海出差期间，他去看望了几位老同学。

② 在中国学习期间，我认识了很多中国朋友。

③ 预科生在寒假期间还要上课。

（8）显然

① 听到这个消息，他一点儿也不吃惊，显然早就听说了。

② 今天的作业你全错了，显然上课没认真听讲。

③ 他脸色很不好，很显然，昨天晚上又没休息好。

2. 词语扩展：读一读下面的扩展形式，再写出两个。

Vocabulary development: Read the expanded forms of the words and write two more.

（1）– 称 —— 简称　全称　______　______

（2）– 否 —— 能否　是否　______　______

（3）失– —— 失眠 失恋 ______ ______

（4）–部 —— 教育部 外交部 ______ ______

（5）期间 —— 高考期间 休息期间 ______ ______

3. 选词填空：读一读给出的生词，并选择合适的放在下列句子中。
Blank filling: Read the new words given and put the right ones in the following sentences.

失眠	现象	社会	命运	改革	制度

（1）人生活在______中，不能不考虑和别人的关系。

（2）我最近常常______，所以白天也没有精神。

（3）许多国家的经济发展出现了问题，不得不进行______。

（4）一个人可以通过自己的努力来改变自己的______。

（5）古代人不能理解各种自然______，所以才出现了迷信。

课文2 Text 2

读前任务 Pre-Reading Task

课文介绍了中国的哪种考试？为什么这种考试非常重要？

高考

5-7

高考是“普通高等学校招生全国统一考试”的简称，也就是大学入学统一考试。它将决定一个高中毕业生能否进入大学，进入什么水平的大学学习。对考生来说，只有通过参加高考，接受高等教育，才能在进入社会后找到理想的工作。在人们眼中，学前教育、初等教育和中等教育都是为了高考在做准备。

高考如此重要和关键，也给考生和家长带来了巨大的压力。许多考生在考前出现失眠、头痛等现象；为了保证孩子有安静的学习环境，家里不但不开电视，甚至连走路、说话都不敢大声，以免打扰孩子学习；高考期间，考场附近的工地全部停工，交通也被限制，整个社会都在关注高考。

一次考试就能决定一个人一生的命运吗？这显然是不合理的。不少人都对现在的高考制度持不同意见。教育部正在研究高考改革，在不远的将来，“一考定终生”的招生制度将被打破。

理解课文　Comprehension of the Text

1. 边读边画：读课文 2 第一段，画出下面问题的答案。
   Read and mark: Read Paragraph 1 of Text 2 and mark the answers to the following questions.

   （1）高考是什么考试的简称？

   （2）高考是一种什么样的考试？

   （3）高考有什么作用？

2. 边读边填：读课文 2 第二段，找出有关考生、家长和社会对高考的反应的关键词并写在横线上。
   Read and fill in the blanks: Read Paragraph 2 of Text 2. Find out the keywords showing the responses of the examinees, the parents and the society to the college entrance examination and write them on the lines.

   考生：________________________________

   家长：________________________________

   社会：________________________________

3. 概括全文大意。
   Summarize the general idea of the passage.

   第一段：________________________________

   第二段：________________________________

第三段：____

学习书面词语与格式 Learn the Formal Words and Structures

1. **对**考生**来说**，只有通过参加高考，接受高等教育，才能在进入社会后找到理想的工作

“对……来说”表示从某人或某事的角度来看。例如：

① 对我来说，学习是一生的事。

② 对外国人来说，汉字确实非常难。

③ 对植物来说，水和阳光是最重要的。

2. 甚至**连**走路、说话**都**不敢大声

“连……都……”用于列出极端情况，说明没有例外，或理所当然。也常用“连……也……”。例如：

① 连中国人都不认识这个字，我这个外国人就更不认识了。

② 我连一分钱也没有，怎么买？

③ 父亲工作很忙，连周末都不能休息。

3. **以免**打扰孩子学习

“以免”，连词，用于连接 A、B 两个部分，表示实行 A 措施，目的是使 B 情况不出现，B 情况一般都是不希望发生的。常用在下半句的开头。例如：

① 无论到哪里，都给家里打个电话，以免家人担心。

② 学过的句子应该多练习，以免忘记。

③ 说话的时候慢一点，以免别人听不清楚。

练一练

1. 用所给词语或格式完成句子。

Complete the sentences using the words or structures given.

（1）______________________________，结婚是一辈子的事。（对……来说）

（2）来北京半年了，______________________。（连……都……）

（3）出门的时候最好带一张信用卡，____________________。（以免）

2. 用所给词语或格式改写句子。

Rewrite the sentences using the words or structures given.

（1）中国北方人觉得南方没有暖气，冬天太冷了。　（对……来说）

____

（2）你把地图存在你的手机里，找不到路的时候可以看。　（以免）

____

（3）老师都不知道这个问题的答案，我当然也不知道。（连……都……）

____

（4）别在网上买衣服了，因为号码可能不合适。　（以免）

____

（5）玛丽是个“中国通”，有些中国人不知道的中国历史故事她都知道。

（连……都……）

____

总结与评论　Review and Comment

1. 概述与总结 Summarize and review

（1）根据课文内容介绍一下中国的高考。

（2）对高考这种考试形式，你有什么看法？

（3）如果你在中国参加高考，你会怎么准备？

2. 思考与表达 Think and express

在你的国家，高中生们是怎么进入大学的？简要介绍一下。

5—6 学时 Class Hours 5—6

综合运用 Integrated Use

专业术语运用 Use of Professional Terms

1. 选词填空：读一读给出的专业术语，并选择合适的放在下列句子中。
Blank filling: Read the professional terms given and put the right ones in the following sentences.

高考	高等学校	教育部	学前教育	因材施教	考生

（1）高校是______的简称。

（2）参加______是中国年轻人接受高等教育的重要条件。

（3）______是中国主管教育和语言文字工作的最高政府机构。

（4）______指针对学生的不同特点进行教育。

（5）为了在入学前就有一个好的基础，现在的家长非常重视______。

2. 概念速查：通过工具书或网络查一查下面这些术语的解释并写下来。
Look up the terms: Use a dictionary or website to find out the definitions of the following terms, and then write them down.

（1）中考

（2）小升初

（3）学制

（4）学位

（5）双学位

语篇与功能 Discourse and Function

常用功能表达

1. 推论：可见 / 由此可见 / 否则

（1）他每天都认真完成作业，可见是个好学生。

（2）你家里有这么多书，由此可见，你是个爱书的人。

（3）我们必须通过 HSK 四级，否则就不能进入大学学习本科专业。

2. 选择：不是……就是……/ 或者……或者……/ 要么……要么……

（1）这几天天气不好，不是刮风就是下雨。

（2）我看你或者打个电话，或者去一趟，总之要把事情说清楚。

（3）毕业后有两种选择，要么考研究生，要么找工作。

练一练

1. 用本单元所学功能表达词语改写句子。

Rewrite the sentences using the words indicating functions learned in this unit.

（1）推论：可见

很多人都在谈这部电视剧，这部电视剧一定很流行。

____

（2）推论：由此可见

她爱人每天都来接她下班，我觉得他们感情一定很好。

____

（3）选择：不是……就是……

我一直联系不上小王，有的时候电话不通，有的时候没人接。

____

（4）选择：要么……要么……

留下来的人，有的人生活得很辛苦，有的人常常换工作。

____

2. 语义匹配：选择一个正确答案完成句子。

Semantic matching: Choose a right answer to complete each sentence.

（1）好的老师应该______，也就是说，老师要根据学生的性格、兴趣

等，对不同学生采用不同的教育方法。(　　)

A 因材施教　　B 考虑不周　　C 急于去做　　D 不太勇敢

(2) 每一个中国学生都必须先______然后才可能进入大学学习。(　　)

A 初等教育　　B 进入社会　　C 参加高考　　D 找到工作

(3) 考试前，图书馆里总是有很多学生，他们都是在为考试______。(　　)

A 统一考试　　B 做准备　　C 进入大学　　D 找工作

(4) 健康______，每个人都应该重视才行。(　　)

A 没那么重要　　B 一年一次　　C 持续 3 天　　D 如此重要

(5) 家长平时在家应该少看电视，以免______。(　　)

A 打扰孩子看电影　　B 鼓励孩子学习

C 打扰孩子学习　　D 鼓励孩子休息

交际与写作　Communication and Writing

1. 小组讨论：用下面的句式与你的同学讨论一下，我们需不需要考试。
Group discussion: Discuss whether we need examinations with your classmates using the following sentence patterns.

多角度说明：……是……，是……，也是……，你同意吗？

进一步说明：是这样的，我觉得……是……，也就是说，……

列举：……有……，有……，也有……

2. 写一写：使用"选择"这一功能的表达词语，写一写你们国家中小学的考试制度，要求不少于 200 字。
Writing: Write a composition of at least 200 characters to describe the examination system of primary and secondary schools in your country, using words that indicate choice.

____

____

活学活用 Learn and Use with Flexibility

1. 读下面的短文，然后回答问题。

Read the following passage and then answer the questions.

教育可以分为家庭教育、学校教育和社会教育等几个方面。在学校教育不发达的古代社会，中国人一直很重视家庭教育。最著名的，要算南北朝时期的颜之推了。颜之推所著的《颜氏家训》是中国历史上第一部以家庭教育为主要内容的著作。颜之推认为，家庭教育越早越好，因为儿童学习知识是最快的。跟孔子的教育思想不同，颜之推认为人分为三种，一种是天才，一种是最不聪明的人，上面这两种人都不需要教育。第三种人是我们常说的普通人，这些人才需要受教育。

（1）古代中国人很重视什么教育？

（2）《颜氏家训》是一本什么书？作者是谁？

（3）颜之推的教育思想跟孔子的有什么不同？

2. 社会调查 Social survey

通过查找资料和采访中国人的方式，尽可能详细地了解中国的高考制度，并在班里向其他同学介绍。

扩展阅读 Extended Reading

中国的妈妈都是“虎妈”吗

2013年，“虎妈”成为中美两国都知道的一个词。美籍华裔蔡美儿（Amy Lynn Chua）因为用非常严格的方式教育自己的两个女儿而成为一个名人。她给自己的两个女儿制定了很多“家规”，比如不许参加朋友们的聚会，不许选择自己喜欢的课外活动，每一门功课的成绩都不能低于“A”，等等。同时，她教育孩子时所采用的方法和语言也都是比较极端的，她会咒骂、威胁自己的孩子，要求孩子按照自己为她们选择的道路努力。她的两个女儿都取得了非常好的成绩，但她的教育方式却在美国引起了争议。很多美国人都认为，中国妈妈都是“虎妈”。事实真的如此吗？

可以说，中国孩子也许是世界上最累的孩子了。很多孩子从两三岁就开始在父母的要求下学外语、学钢琴、学书法或者绘画以及各种运动项目。到了上学的年龄，孩子们除了要完成学校的功课，还必须在晚上或者周末参加各种辅导班。

要完成这样的学习内容，没有一位严格的爸爸或者妈妈是不可能的。所以，中国的“虎妈”一定比美国或者其他国家多一些。但

1. 虎妈 hǔmā
2. 美籍 Měijí
3. 华裔 huáyì
4. 制定 zhìdìng
5. 家规 jiāguī
6. 课外 kèwài
7. 门 mén
8. 功课 gōngkè
9. 采用 cǎiyòng
10. 极端 jíduān
11. 咒骂 zhòumà
12. 威胁 wēixié
13. 引起 yǐnqǐ
14. 钢琴 gāngqín
15. 运动 yùndòng
16. 项目 xiàngmù
17. 辅导 fǔdǎo

是，也不是所有的中国家庭都是按照“虎妈”的方式来教育孩子的，中国的妈妈并不都是“虎妈”。

1. 读后回答问题。
   Read the passage and then answer the questions.

   （1）“虎妈”是谁？为什么叫她“虎妈”？

   （2）课文中提到了她的哪些“家规”？

   （3）为什么说中国的孩子是世界上最累的孩子？

   （4）中国的妈妈都是“虎妈”吗？

2. 你对“虎妈”式教育有什么看法？在你的国家有这样的家长吗？
   What do you think of the education style of the “Tiger Mother”? Are there such parents in your country?

学习总结 Learning Summary

1. 我了解到的教育学知识：

2. 我能够运用的新词语：

3. 我能够运用的新格式：

4. 学了这一单元，我的收获是：

____

____

5. 我对这一单元的学习 □很满意 □比较满意 □不太满意 □不满意，原因是：

____

____

第六单元 Unit 6

司马迁与《史记》

Sima Qian and *Records of the Grand Historian*

学习目标 Learning Objectives

1. 了解专业知识：蔡伦造纸、中国第一部通史——《史记》
2. 掌握专业术语：竹简、司马迁、史官、通史、编年体、纪传体
3. 使用书面词语与格式：相当于
   对……有贡献 / 为……做出贡献
   归功于
   以 / 用……的方式 / 方法 + 动词
4. 进行功能表达：说明：拿……来说 / 老实说 / 指出 / 表示 /……共……，分……，其中……
   反对 / 不赞成：我不赞成（不同意、不接受）/ 对……持不同意见 / 我不这么认为 / A 是 A，不过（但是）……

1—2 学时 Class Hours 1—2

热身 Warm-up

1. 看下图，说说这是什么东西，是用什么做的。

2. 在纸发明以前，人们曾经把文字记录在什么上面？说说你知道的。

词语学习 Vocabulary Learning

通用词语 Common Words 6-1

	生词	拼音	词性	释义
1.	竹片	zhúpiàn	名	bamboo strip
2.	绳子	shéngzi	名	rope
3.	穿	chuān	动	to string
4.	册	cè	量	volume
5.	相当	xiāngdāng	动	to be equivalent
6.	学富五车	xuéfùwǔchē		to be wealthy in knowledge
7.	成语	chéngyǔ	名	idiom
8.	装	zhuāng	动	to load
9.	脑筋	nǎojīn	名	brains, mind, head
10.	代替	dàitì	动	to replace
11.	皮	pí	名	bark, skin, peel
12.	煮	zhǔ	动	to boil
13.	捣	dǎo	动	to smash
14.	浆	jiāng	名	pulp

15.	铺	pū	动	to spread, to lay
16.	席子	xízi	名	mat
17.	晾	liàng	动	to dry in the air
18.	实验	shíyàn	名	experiment
19.	贡献	gòngxiàn	名	contribution
20.	书籍	shūjí	名	books
21.	传递	chuándì	动	to pass on
22.	想象	xiǎngxiàng	动	to imagine

专业术语　Professional Terms

6-2

	生词	拼音	词性	释义
1.	蔡伦	Cài Lún		Cai Lun, the inventor of paper
2.	竹简	zhújiǎn	名	bamboo slip
3.	东汉	Dōng Hàn	名	Eastern Han Dynasty (25-220 AD)

词语练习　Vocabulary Exercises

1. 朗读并查找：朗读生词表中的生词，并在课文中画出这些生词。
   Read and search: Read aloud the new words in the vocabulary list and circle these words in the text.

2. 生词连线：写拼音，连英文。
   Matching: Write down the *pinyin* of the new words and match them with the English explanations.

绳子	shéngzi	to boil
成语	______	books
代替	______	to imagine
煮	______	contribution
贡献	______	rope
书籍	______	to replace
想象	______	idiom

3. 词语扩展：读一读下面的扩展形式，再写出两个。
Vocabulary development: Read the expanded forms of the words and write two more.

（1）– 片 —— 竹片　纸片　______　______

（2）– 干 —— 晾干　吹干　______　______

（3）传 – —— 传递　传达　______　______

（4）实验 —— 实验成功　参加实验　________　________

（5）传递 —— 传递信息　传递试卷　________　________

4. 选词填空：读一读给出的生词，并选择合适的放在下列句子中。
Blank filling: Read the new words given and put the right ones in the following sentences.

贡献　想象　书籍　学富五车　脑筋　铺

（1）他是个爱动______的人，常常会有别人想不到的好主意。

（2）______的意思是：学问很大，读的书很多。

（3）青蒿素（Qīnghāosù, artemisinin）的发现是对世界的一大______。

（4）莉莉的桌子上______着一块漂亮的桌布。

（5）学校图书馆有很多历史方面的______。

课文 1 Text 1

听前任务 Pre-Listening Task

听课文，在下表中填写关键词，并与同学讨论。

	自己记录的	同学补充的
最早的书是用什么做的？		
为什么一般人用不起丝纸？		
蔡伦用哪些东西代替了丝？		

蔡伦造纸

6-3

在纸发明以前，中国人把字写在竹片上，叫作竹简，然后用绳子把一片片竹简穿起来，就成了册，相当于现在的书。因为竹简上写不了多少字，所以现在的几页书，那时候就是重重的一大册呢。一部书有很多册，于是就有了“学富五车”这样的成语，意思是一个人很有学问，读的书能装五大车。竹简不仅太重，不方便带，而且字也不是很清楚。这成了读书人最大的问题，这个问题一直到东汉才得以解决。

东汉时，人们已经会用丝做纸了。但是，丝纸价格太贵，一般人用不起。有一个叫蔡伦的人就天天动脑筋，想用便宜的东西来代替丝。他把树皮、破渔网等一起煮，然后将这些东西捣成浆，平平地铺在席子上，晾干后就是一张纸。经过无数次的实验，蔡伦终于造出了既好用又便宜的纸。

纸的发明对世界文明的进步有很大贡献。人们用纸来制作书籍，用纸来写字作画，用纸来写信传递信息。纸已经成了我们生活中不可缺少的东西，很难想象，如果没有了纸，世界将会怎样。

理解课文　Comprehension of the Text

1. 根据课文内容选择正确答案。
   Choose the right answers based on the text.

（1）没有纸之前，大部分的书是写在什么上的？（　　）

A 丝绸　　B 树皮　　C 竹片　　D 布

（2）“学富五车”这个成语是什么意思？（　　）

A 有学问　　B 有知识　　C 读的书很多　　D 以上都是

（3）东汉之前，读书人的最大问题是什么？（　　）

A 书太重、太贵　　B 书上的字不清楚

C 没有车　　　　D 一部书有很多册

（4）蔡伦用什么代替丝来造纸？（　　）

A 树皮和树叶　　　　B 竹片

C 树皮和破渔网　　　　D 破衣服

（5）将下面的句子按照蔡伦造纸的过程排列起来：（　　）

A 把煮的东西捣成浆

B 把浆平铺在席子上

C 把树皮、破渔网等放在一起煮

D 晾干后拿下来

2. 根据课文内容判断正误。

Decide whether the following statements are right or wrong based on the text.

（1）竹简上可以写很多字。（　　）

（2）竹简做成的书很重，可是字很清楚。（　　）

（3）东汉时，丝纸的价格不太贵，大多数人都用得起。（　　）

（4）蔡伦造的纸很好用也很便宜。（　　）

（5）纸的发明对世界文明的进步有很大贡献。（　　）

3. 根据课文内容回答问题。

Answer the questions based on the text.

（1）最早的书是怎么做成的？

（2）为什么蔡伦想用其他东西来代替丝造纸？

（3）纸的发明有什么意义？

学习书面词语与格式 Learn the Formal Words and Structures

1. 相当于现在的书

介词“于”可以用于一些名词、动词、形容词的后面表示比较。“A

相当于B”意思是“A与B差不多/一样/相似”。例如：

① 在唐朝，长安的地位相当于今天的北京。

② 今天美元和人民币的汇率是1:6.88，就是说1美元相当于6.88元人民币。

③ 1磅（bàng, pound）相当于0.45公斤。

练一练：用“相当于”改写句子。
Rewrite the sentences using“相当于”.

（1）这件衣服很厚，一件跟别的衣服两件差不多。

____

（2）一公里是两里。

____

（3）这台电脑的价格差不多是我一个月的工资。

____

2. 纸的发明**对**世界文明的进步**有**很大**贡献**

“对……有贡献/为……做出贡献”的意思是“对/为……做了非常重要的工作”。例如：

① 这项研究对现代医学发展有重要贡献。

② 她为完成这个工作做出了自己的贡献。

③ 莱特兄弟（Láitè xiōngdì, Wright brothers）为人类实现飞上天空的梦想做出了很大的贡献。

练一练：用“对……有贡献/为……做出贡献”改写句子。
Rewrite the sentences using“对……有贡献/为……做出贡献”.

（1）张骞打开了通向西方国家的道路，打开了东西方互相了解的大门。

____

（2）因为有了他，我们队才获得了第一名的好成绩。

____

（3）孔子对中国古代教育的发展有非常重要的影响。

____

总结与评论 Review and Comment

1. 概述与总结 Summarize and review

（1）竹简做成的书有什么缺点？

（2）为什么蔡伦造的纸便宜？

（3）蔡伦发明的造纸术有什么历史意义？

2. 思考与表达 Think and express

“纸的发明对世界文明进步的贡献很大。”请你谈谈纸的发明在文学、艺术、教育发展中的作用。

3—4 学时　Class Hours 3—4

热身　Warm-up

1. 你知道中国大概有多少年的历史吗？
2. 现代人是怎么知道历史上发生的重要事情的？

词语学习　Vocabulary Learning

通用词语　Common Words　6-4

	生词	拼音	词性	释义
1.	悠久	yōujiǔ	形	long-standing
2.	事件	shìjiàn	名	event, incident
3.	归功于	guīgōng yú		to attribute to, to owe to
4.	约	yuē	副	about, approximately
5.	人物	rénwù	名	character, figure
6.	篇幅	piānfú	名	length (of an article)
7.	家喻户晓	jiāyù-hùxiǎo		well-known
8.	沿用	yányòng	动	to continue to use
9.	态度	tàidù	名	attitude
10.	严谨	yánjǐn	形	rigorous, precise
11.	调查	diàochá	动	to investigate
12.	价值	jiàzhí	名	value
13.	生动	shēngdòng	形	vivid
14.	栩栩如生	xǔxǔ-rúshēng		true to life
15.	文学	wénxué	名	literature
16.	地位	dìwèi	名	status, position
17.	教科书	jiàokēshū	名	textbook
18.	改编	gǎibiān	动	to adapt (a book, play, etc.)
19.	戏剧	xìjù	名	drama

专业术语 Professional Terms

6-5

	生词	拼音	词性	释义
1.	司马迁	Sīmǎ Qiān		Sima Qian, a historian in the Western Han Dynasty (206 BC-25 AD)
2.	《史记》	Shǐ Jì		*Records of the Grand Historian*, the first biographical history of ancient China by Sima Qian
3.	史官	shǐguān	名	historiographer
4.	通史	tōngshǐ	名	general history
5.	黄帝	Huángdì	名	the Yellow Emperor, a legendary ruler and ancestor of the Chinese people
6.	编年体	biānniántǐ	名	annalistic style (in historiography)
7.	纪传体	jìzhuàntǐ	名	biographical style (in historiography)
8.	项羽	Xiàng Yǔ		Xiang Yu, a prominent warlord in the late Qin Dynasty

词语练习 Vocabulary Exercises

1. 读例句，学生词：朗读下面词语的用例，思考这些词语的用法。
Read and learn: Read aloud the example sentences of the following words and think about the usage of these words.

（1）悠久

① 中国是世界上历史最悠久的国家之一。

② 中非友谊历史悠久，源远流长。

③ 长城以其悠久的历史和雄伟壮丽的风景而闻名中外。

（2）约

① 那个男人约四五十岁。

② 从公司开车回家约 30 分钟。

③ 司马迁生活的年代在约公元前 145 年至约公元前 87 年。

（3）事件

① 这起事件的发生，让我改变了之前对他的看法。

② 这不是一件小事，这是一起政治事件。

③ 司马迁的《史记》用编年体的方式记录历史事件。

（4）态度

① 他的学习态度非常认真。

② 服务员对我们的态度很热情。

③ 司马迁记录历史的态度很严谨。

（5）调查

① 警察正在调查这起事故的原因。

② 在进行市场调查之后我们再做决定吧。

③ 司马迁对记录的历史事件都进行了大量的调查研究。

（6）价值

① 这件瓷器价值二十万人民币。

② 他的建议没有什么价值。

③《史记》有很高的历史学价值。

（7）地位

① 男人和女人的地位是平等的。

② 在大多数家庭里，父亲的地位是最高的。

③《史记》在中国文学史上有很高的地位。

（8）改编

① 这个电影是根据真人真事改编的。

② 她把这首中国歌曲改编成了一首钢琴曲。

③《史记》中许多有名的历史事件和人物故事被改编成了戏剧和电影。

2. 词语扩展：读一读下面的扩展形式，再写出两个。

Vocabulary development: Read the expanded forms of the words and write two more.

（1）– 用 —— 沿用　作用　______　______

（2）– 体 —— 纪传体　自传体　______　______

（3）历史 —— 历史学　历史课　______　______

（4）价值 —— 历史学价值　文学价值　______　______

（5）态度 —— 态度严谨　态度热情　______　______

3. 选词填空：读一读给出的生词，并选择合适的放在下列句子中。

Blank filling: Read the new words given and put the right ones in the following sentences.

生动　栩栩如生　戏剧　悠久　篇幅　地位

（1）这本旅行手册里介绍北京的______最多。

（2）徐悲鸿画马画得______。

（3）中国有五千多年的______历史。

（4）这个故事______有趣，孩子们最喜欢听。

（5）司马迁的《史记》在中国文学史上有很高的______。

4. 将左边的词语和右边的解释连接起来。

Match the words on the left with the explanations on the right.

（1）教科书	a. 时间很长远
（2）《史记》	b. 每个人都知道
（3）悠久	c. 学生们使用的课本
（4）史官	d. 中国历史上第一部通史
（5）家喻户晓	e. 古时候记录历史的人

课文 2 Text 2

读前任务 Pre-Reading Task

1. 司马迁是哪个朝代的人？
2.《史记》一共多少篇？记录了多少年的历史？

司马迁与《史记》 6-6

中国有五千多年的悠久历史，今天的人们能够了解历史上的那些重大的事件和有名的人，要归功于那些记录历史的人。中国每个朝代都有史官，他们的工作是记录本朝或上个朝代的历史。司马迁（约公元前 145 年—约公元前 87 年）就是汉武帝时代的一位伟大的史官。

《史记》是中国第一部通史，共 130 篇，分为五个部分，记录了黄帝时代至汉武帝时代三千多年的历史。书中以编年体的方式记录历史事件，以纪传体的方式记录重要的人物。其中纪传体是全书篇幅最多、最重要的部分，记录了许多家喻户晓的历史人物，如孔子、项羽等，这种方法被后来的历史学家沿用了下来。

司马迁记录历史态度严谨，对记录的每一个历史事件和人物，都进行了大量的调查研究，因而《史记》具有很高的历史学价值。

《史记》语言生动，记录的人物栩栩如生，在文学史上也有很高的地位，其中许多篇被选入中国语文教科书，还有许多有名的历史事件和人物故事被改编成戏剧和电影，流传很广，深受人们的喜爱。

理解课文 Comprehension of the Text

1. 边读边画：读课文 2 第一段，画出下面问题的答案。

   Read and mark: Read Paragraph 1 of Text 2 and mark the answers to the following questions.

   （1）中国有多少年的历史？

（2）现在的人是怎么知道历史上发生的事件的？

（3）司马迁是什么人？

2. 边读边填：读课文 2 第二段，完形填空。

Read and fill in the blanks: Read Paragraph 2 of Text 2 and then fill in the blanks.

《史记》是______通史，共______篇，分为______部分，记录了______时代至______时代______多年的历史。书中用编年体的方式记录______，用纪传体的方式记录______。其中______是全书篇幅最多、最重要的部分，记录了许多______的历史人物，如______、______等，这种方法被后来的历史学家______。

3. 框架复述：熟读课文 2 第三段和第四段，按照提示词进行复述。

Retell the framework: Read Paragraphs 3 and 4 of Text 2 with proficiency and retell them based on the hints given.

司马迁记录历史……，对记录的每一个……和……，都进行了……，因而《史记》具有很高的……。

《史记》的语言……，记录的人物……，在文学史上也有……，其中许多篇被选入……，还有许多……被改编成……，……很广，深受人们的……。

4. 概括全文大意。

Summarize the general idea of the passage.

第一段：________________________________

第二段：________________________________

第三段：________________________________

第四段：________________________________

学习书面词语与格式　Learn the Formal Words and Structures

1. 要**归功于**那些记录历史的人

“归功于”表示把功劳归于某人或多人。例如：

① 任务的圆满完成应归功于每个人的贡献。

② 我能取得这么好的成绩要归功于老师的帮助。

③ 成功不能归功于某一个人，而应归功于大家的努力。

2. 书中**以**编年体**的方式记录**历史事件

“以 / 用……的方式 / 方法 + 动词”表示做事使用的方式和方法。例如：

①《史记》以纪传体的方式记录重要的人物。

② 他一直用慢跑的方法锻炼身体。

③ 今天的会议是以视频的方式开的。

练一练

用所给词语或格式改写句子。

Rewrite the sentences using the words or structures given.

（1）没有大家的帮助就没有我今天的成功。　（归功于）

____

（2）因为蔡伦的不断实验，纸才被发明出来了。　（归功于）

____

（3）这个语言中心教汉语的方法是一对一教学。　（用……方法）

____

（4）我和他通过电子邮件谈工作。　（以……方式）

____

总结与评论 Review and Comment

1. 概述与总结 Summarize and review

（1）为什么说司马迁是一位伟大的史官？

（2）为什么说《史记》在历史学和文学上都有很高的地位？

2. 思考与表达 Think and express

中国现代大文学家鲁迅先生曾评价《史记》是："史家之绝唱，无韵之《离骚》。"请你查阅相关资料，谈谈对这句话的理解。

5—6 学时 Class Hours 5—6

综合运用 Integrated Use

专业术语运用 Use of Professional Terms

1. 选词填空：读一读给出的专业术语，并选择合适的放在下列句子中。
Blank filling: Read the professional terms given and put the right ones in the following sentences.

竹简	编年体	纪传体	蔡伦	通史	史官

（1）《史记》用______的方式记录历史事件。

（2）长沙马王堆汉墓中出土了大量的汉代______。

（3）司马迁是汉武帝时代的一位伟大的______。

（4）______发明了造纸术，对世界文明的进步有很大贡献。

（5）《史记》是中国历史上第一部______。

2. 概念速查：通过工具书或网络查一查下面这些术语的解释并写下来。
Look up the terms: Use a dictionary or website to find out the definitions of the following terms, and then write them down.

（1）皇帝

（2）断代史

（3）考古

（4）出土

（5）文物

语篇与功能 Discourse and Function

常用功能表达

1. 说明：拿……来说 / 老实说 / 指出 / 表示 /……共……，分……，其中……

（1）要想学好汉语得多练，就拿听力来说，天天听广播、看电视，才能快速提高。

（2）大家都说我聪明，老实说，我只是比别人更努力一些。

（3）《史记》共130篇，分为本纪、表、书、世家、列传五部分，其中“世家”主要记录了历史上重要的人物。

2. 反对 / 不赞成：我不赞成（不同意、不接受）/ 对……持不同意见 / 我不这么认为 /A 是 A，不过（但是）……

（1）我不赞成晚会上唱这首歌，这首歌不太欢快。

（2）有人说小孩子不需要那么早学习外语，对此，我持不同意见。

（3）有人认为工作第一，家庭第二。可是我不这么认为，我觉得家庭更重要。

练一练

1. 用本单元所学功能表达词语改写句子。

Rewrite the sentences using the words indicating functions learned in this unit.

（1）说明：表示

中国人摇头的意思是不同意。

（2）说明：……共……，分……，其中……

HSK 考试有笔试和口试，笔试有 1—6 级，6 级是最高级。

（3）反对 / 不赞成：不同意

我想当医生，可是爸爸说医生太累，他让我当老师。

（4）反对 / 不赞成：持不同意见

很多人说住在大城市比较好，小王不同意这个观点。

（5）反对 / 不赞成：A 是 A，不过……

公共汽车虽然很便宜，不过我们已经没有时间了，我觉得还是坐出租车吧。

____

2. 语义匹配：选择一个正确答案完成句子。

Semantic matching: Choose a right answer to complete each sentence.

（1）孔子是中国历史上______的人物。（　　）

A 大教育家　　B 家喻户晓

C 栩栩如生　　D 很有历史

（2）张教授做学问______，他的论文学术价值很高。（　　）

A 态度不好　　B 去图书馆

C 态度严谨　　D 很多时间

（3）纸做的书籍______，解决了读书人的大问题。（　　）

A 干净整齐　　B 不易买到

C 方便携带　　D 字不清楚

（4）故宫是明清两代的皇宫，约有 500 多年的______。（　　）

A 时间很长　　B 悠久历史　　C 古老建筑　　D 规模庞大

（5）这篇小说结构完整，______。（　　）

A 文字优美　　B 汉字漂亮　　C 语言美丽　　D 文化丰富

交际与写作　Communication and Writing

1. 小组讨论：有人认为历史书只要内容真实就可以了，语言生动不生动不重要。你同意这种看法吗？用下边的句式谈谈你的看法。

Group discussion: Someone thinks that as long as the content of a history book is true, whether its language is vivid or not is unimportant. Do you agree to this view? Use the following sentence patterns to illustrate your perspective.

（1）我认为……，因为……

（2）我不同意 / 对……持不同意见，……是应该……，但是……

（3）以……为例 / 拿……来说，不仅……，而且……

（4）……中很多……被改编成 / 被选入了……，就是因为……

（5）从……的角度来说，我对……表示赞同

2. 写一写：使用“说明”这一功能的表达词语，介绍一本你读过的历史书籍（可以是你们国家历史的），要求不少于 200 字。

Writing: Write a composition of at least 200 characters to introduce a history book you've read (it may be about the history of your country), using explanatory words.

____

____

____

____

____

____

____

____

活学活用 Learn and Use with Flexibility

1. 读一读下面这段文章，然后回答问题。

Read the following passage and then answer the questions.

中国历史书籍种类很多，大概可分为正史、杂史、别史、野史和稗史五种。

“正史”是由各朝史官记录、修订并经皇帝批准的史书，按照朝代的先后排列，分别为《史记》《汉书》《后汉书》《三国志》《晋书》《宋书》《南齐书》《梁书》《陈书》《魏书》《北齐书》《周书》《隋书》《南史》《北史》《旧唐书》《新唐书》《旧

五代史》《新五代史》《宋史》《辽史》《金史》《元史》《明史》。共24部，3300卷，约4700万字，史称“二十四史”。它们用纪传体、编年体的方式记录了从黄帝时代到明朝末年的政治、经济、军事、思想、文化、天文、地理等各方面的内容。“二十四史”是中华文明宝贵的文化遗产，是现代人了解古代历史的第一手资料。

杂史、别史、野史和稗史只记录一朝、一事或民间风俗、趣事等，多为私人编写，史学价值不高。

（1）中国历史书籍的种类大概有哪几种？

（2）什么样的史书才能被称为“正史”？

（3）“二十四史”里主要记录了哪些方面的内容？

2. 社会调查 Social survey

请你参观所在城市的博物馆，查阅所在城市的相关历史书籍，了解所在城市的历史发展变化、重要的历史事件或人物，选择你感兴趣的一个方面，写出调查报告，在班级进行宣讲。

扩展阅读　Extended Reading

从古代到现代

如果你从现代穿越到古代，你会看到那时的中国和现在大不一样。那个时候，人们读的书不是休闲杂志、电脑书籍、报纸漫画，而是儒家经典、诗歌和小说；人们获得知识和消息的途径主要不是报纸、广播、电视和网络，而是书本、道听途说的见闻以及由父老乡亲传授的经验；人们的社会生活主要是在大家族和家乡进行，社交范围一般限于熟人的圈子；人们

1. 穿越 chuānyuè
2. 休闲 xiūxián
3. 漫画 mànhuà
4. 经典 jīngdiǎn
5. 诗歌 shīgē
6. 途径 tújìng
7. 道听途说 dàotīng-túshuō
8. 见闻 jiànwén
9. 传授 chuánshòu
10. 社交 shèjiāo

关于地理远近的观念和今天大不相同，从北京到天津就是出远门了。对那个时候的普通人来说，不断的婚丧嫁娶，加上一些家庭成员的生日和逢年过节祭祀祖先的活动，就是最普通的日常生活内容。

当今天的中国人回头看那些旧时代的生活时，会觉得有些陌生，有一定距离了。这是因为今天的中国与那时相比发生了很大的变化。自从十九世纪近代西方文明进入中国，中国经历了一次两千年来从未有过的巨变。这种变化很快反映在语言上。比方说，今天的汉语已经加入了太多的现代或西方的新词汇，有“经济”“自由”“民主”这样的老词，也有“超市”“网络”“黑客”这些过去从未有过的新词，甚至还有“秀”“酷”“欧佩克”这样的进口词，如果一个一两百年以前的人来到我们今天的世界，甚至可能完全听不懂我们说的话。

另外，今天的中国已经出现了太多的现代城市，拥有现代交通、现代通信。过去人们生活的世界，是四合院、园林、农舍，人们从一个地方到另一个地方，要乘牛车、马车，而现在人们乘坐飞机、高铁可以一日万里，真正体会到古人所期望的“天涯若比邻”的感觉。

总之，生活在现代中国的人，应该要了解现代中国的事情，但同时也应该了解古代的中国。因为，现代中国毕竟是从古代中国延续下

11. 范围 fànwéi
12. 圈子 quānzi
13. 地理 dìlǐ
14. 观念 guānniàn
15. 婚丧嫁娶 hūnsāngjiàqǔ
16. 逢年过节 féngnián-guòjié
17. 祭祀 jìsì
18. 陌生 mòshēng
19. 巨变 jùbiàn
20. 民主 mínzhǔ
21. 黑客 hēikè
22. 秀 xiù
23. 酷 kù
24. 欧佩克 Ōupèikè
25. 通信 tōngxìn
26. 四合院 sìhéyuàn
27. 体会 tǐhuì
28. 期望 qīwàng
29. 天涯若比邻 tiānyá ruò bǐlín
30. 毕竟 bìjìng
31. 延续 yánxù

来的，这就像一条河流，如果不了解它的源头，就很难确定它未来的流向。

（节选自葛兆光《中国，从古代到现代》，有改动）

32. 源头 yuántóu
33. 未来 wèilái
34. 流向 liúxiàng

1. 读后回答问题。
Read the passage and then answer the questions.

（1）古人和现代人获得知识的途径有什么不同？

（2）古人的日常生活主要包括哪些内容？

（3）西方文明进入中国体现在语言上有哪些表现？

（4）与古代相比，现代的交通有什么特点？

（5）“天涯若比邻”是一种什么样的感觉？

2. “自从十九世纪近代西方文明进入中国，中国经历了一次两千年来从未有过的巨变。”查找相关资料，说明这种“巨变”主要体现在哪些方面。
“Since the Western culture was introduced into China in the 19th century, China has witnessed huge changes that are unprecedented in the past 2,000 years.” Do some research and talk about in which aspects these huge changes have taken place.

学习总结 Learning Summary

1. 我了解到的历史知识：

____

____

2. 我能够运用的新词语：

____

____

3. 我能够运用的新格式：

____

____

4. 学了这一单元，我的收获是：

____

____

5. 我对这一单元的学习 □很满意 □比较满意 □不太满意 □不满意，原因是：

____

____

第七单元 Unit 7

著作权 Copyright

学习目标 Learning Objectives

1. 了解专业知识：著作权的相关概念

2. 掌握专业术语：著作权、侵权、纠纷、版权、维权、盗版

3. 使用书面词语与格式：谁料
至于
出自……之手
……而言
为……所……

4. 进行功能表达：要求或禁止：要（应、应该、应当）/ 一定要 / 得 / 所有……，都要（必须）……/ 不能（不得）/ 不准（不许）/ 别（少、禁止、严禁、请勿）
判断：断定 / 根据……判定（判断）/ 从……判断 / 肯定（一定）……，不然（否则）……

1—2 学时 Class Hours 1—2

热身 Warm-up

1. 如果你写的一篇文章中的观点被人引用了，却没有注明出处，你会怎么样？（　　）

   A 很生气，提出诉讼　B 有点儿不高兴，找作者理论　C 觉得无所谓

2. 你认为什么样的小说或剧本算是抄袭？（　　）

   A 结构和内容完全一样

   B 结构和内容都有部分相似

   C 结构相似，内容不一定相同

词语学习 Vocabulary Learning

通用词语 Common Words 7-1

	生词	拼音	词性	释义
1.	部	bù	量	*a measure word for TV series, films, etc.*
2.	反映	fǎnyìng	动	to reflect, to show
3.	青春	qīngchūn	名	youth
4.	热播	rèbō	动	to get a lot of airplay, (of a TV show) to be popular
5.	女士	nǚshì	名	Ms., lady
6.	情节	qíngjié	名	plot
7.	偶然	ǒurán	形 / 副	by accident; accidentally
8.	巧合	qiǎohé	名	coincidence
9.	抄袭	chāoxí	动	to plagiarize
10.	网络	wǎngluò	名	(the) Internet, network

11.	发表	fābiǎo	动	to publish, to issue
12.	公开信	gōngkāixìn	名	open letter
13.	认定	rèndìng	动	to affirm, to firmly believe
14.	面对	miànduì	动	to face, to confront
15.	指责	zhǐzé	动	to criticize, to find fault with
16.	编剧	biānjù	名	screenwriter
17.	说辞	shuōcí	名	excuse, plea
18.	沟通	gōutōng	动	to communicate
19.	戏	xì	名	drama, play
20.	至于	zhìyú	介	as for, with regard to
21.	如何	rúhé	代	how
22.	怎样	zěnyàng	代	how
23.	设计	shèjì	动	to design

专业术语　Professional Terms

7-2

	生词	拼音	词性	释义
1.	著作权	zhùzuòquán	名	copyright
2.	侵权	qīnquán	动	to infringe a right
3.	纠纷	jiūfēn	名	dispute
4.	中级人民法院	zhōngjí rénmín fǎyuàn		intermediate people's court
5.	诉讼	sùsòng	动	to take legal action

词语练习　Vocabulary Exercises

1. 朗读并查找：朗读生词表中的生词，并在课文中画出这些生词。

   Read and search: Read aloud the new words in the vocabulary list and circle these words in the text.

2. 生词连线：写拼音，连英文。

Matching: Write down the *pinyin* of the new words and match them with the English explanations.

指责	zhǐzé	to publish, to issue
沟通	______	coincidence
发表	______	by accident; accidentally
设计	______	to criticize, to find fault with
偶然	______	to communicate
巧合	______	to design

3. 词语扩展：读一读下面的扩展形式，再写出两个。

Vocabulary development: Read the expanded forms of the words and write two more.

（1）责 –/– 责 —— 责任　指责　______　______

（2）合 –/– 合 —— 合格　巧合　______　______

（3）网 –/– 网 —— 网络　互联网　______　______

（4）案 –/– 案 —— 案件　立案　______　______

（5）发表 —— 发表文章　发表公开信　______　______

4. 选词填空：读一读给出的生词，并选择合适的放在下列句子中。

Blank filling: Read the new words given and put the right ones in the following sentences.

编剧　设计　抄袭　公开　沟通　偶然

（1）有一次陪孩子逛书店时______看到这本书，我一下子就被吸引住了。

（2）考试要自己认真完成，不能______别人的答案。

（3）据说这座大楼是一位知名的法国建筑师______的。

（4）她的小说将被改编成一部电视剧，______还是她自己。

（5）这篇文章去年已经在国内的刊物上______发表了。

课文 1 Text 1

听前任务 Pre-Listening Task

听课文，在下表中填写关键词，并与同学讨论。

	自己记录的	同学补充的
事件概况		
女作家的做法		
编剧的态度		

两个相似的故事 7-3

今年4月，一部反映青春、爱情的浪漫电视剧开始在电视台热播。谁料，电视剧开播不久，就有人在网上发表文章，指出该电视剧与一位著名女作家陈女士的小说非常相似。电视剧的人物、情节和小说相似，这只是偶然的巧合呢，还是故意抄袭？事情发生以后，网络上出现了各种不同意见，引起了一场关于著作权法的大讨论。

一周之后，陈女士通过网络发表公开信，认定这是侵权行为。然而，面对陈女士的指责，该剧的编剧却另有说辞。在与编剧多次沟通没有结果的情况下，陈女士选择通过法律来解决纠纷，她向北京市第三中级人民法院提起了诉讼。

作家起诉编剧，就像他们写的故事一样，也是一部大戏，吸引了很多人的注意。至于故事如何发展，最后的结果怎样，恐怕不会像他们写小说、电视剧那样，由自己来设计了，需要法律来做出最后判决。

理解课文 Comprehension of the Text

1. 根据课文内容给下面的句子排序，简单回顾事件发生的过程。
Put the following sentences in order based on the text and review the process of the whole event.

（1）电视剧开始热播。

（2）陈女士发表公开信，认定了这一侵权行为。

（3）有人发表文章，指出电视剧与陈女士的小说相似。

（4）陈女士选择通过法律解决纠纷。

（5）引发了一场关于著作权法的大讨论。

（6）陈女士与编剧沟通，没有结果。

排序：____________________

2. 根据课文内容判断正误。
Decide whether the following statements are right or wrong based on the text.

（1）陈女士起诉了这位编剧。（　）

（2）这一侵权行为是网友先发现的。（　）

（3）陈女士首先选择与编剧进行沟通。（　）

（4）这位编剧承认了自己的侵权行为。（　）

（5）作家与编剧沟通非常顺利。（　）

3. 根据课文内容回答问题。
Answer the questions based on the text.

（1）这个案件是怎么发生的？

（2）双方对这件事分别有什么样的态度？

学习书面词语与格式 Learn the Formal Words and Structures

1. 谁料

“谁料”，表示没有想到，出人意料。例如：

① 眼看到了收获的时候，谁料一场大风之后，什么都没有了。

② 她在国外读完大学就回国工作了，谁料事业刚刚开始，生命却要结束了。

③ 我还以为他早就把这事儿忘了，谁料今天他会在这么多人面前提起。

练一练：用“谁料”改写句子。
Rewrite the sentences using “谁料”.

（1）我下了火车匆忙跑到地铁站，可是末班车已经开走了。

____

（2）大家都以为他这次能得冠军，没想到比赛刚开始他就受伤了。

____

（3）结婚前两个人相亲相爱，可是婚后不久就开始吵架。

____

2. 至于故事如何发展

“至于”，介词，用于引出新话题，新话题与之前的话题有一定关联。例如：

① 我只知道他的名字，至于他的联系方式我就不知道了。

② 他在这篇文章中提到了语言学的概念，至于语言学的研究方法却没有说明。

③ 作为战地记者，他把注意力全部放在当地人民的生活上，至于自己的安全问题，他已经完全忘记了。

练一练：用“至于”完成句子。
Complete the sentences using “至于”.

（1）汉语的发音和语法并不算特别难，____________________，跟世界上大多数文字比起来，就相当难了。

（2）这是我们国家第一次派代表团参加奥运会，已经算是胜利了，________________________________，我们没有考虑。

（3）他们没有子女，离婚时少了很多麻烦，____________________，他是有钱人，这方面是不太在乎的。

（4）接电话的人告诉我那个公司搬走了，____________________，他说不知道。

总结与评论 Review and Comment

1. 概述与总结 Summarize and review

（1）用一两句话概括这起案件的起因。

（2）如果你是法官，你将怎样审理这起案件？

2. 思考与表达 Think and express

（1）你对这一案件有什么样的看法？

（2）上网查一查类似的案件，看看法官是如何判决的。

3—4 学时 Class Hours 3—4

热身 Warm-up

1. 查词典，说说下面词语的意思。
   （1）专属性
   （2）原创
   （3）盗版

2. 有人喜欢购买或下载“盗版”（音乐、软件、视频等），说说他们这样做可能有什么理由。

词语学习 Vocabulary Learning

通用词语 Common Words

7-4

	生词	拼音	词性	释义
1.	观看	guānkàn	动	to see, to watch
2.	欣赏	xīnshǎng	动	to appreciate, to enjoy
3.	作品	zuòpǐn	名	works
4.	出自	chūzì	动	to come from
5.	涉及	shèjí	动	to involve
6.	原创	yuánchuàng	动	to create, to be original
7.	享有	xiǎngyǒu	动	to enjoy (rights, prestige, etc.)
8.	署名	shǔmíng	动	to sign one’s name
9.	团体	tuántǐ	名	organization, group
10.	强	qiáng	形	strong
11.	专属	zhuān shǔ		exclusive
12.	转让	zhuǎnràng	动	to transfer
13.	继承	jìchéng	动	to inherit

14.	永久	yǒngjiǔ	形	permanent
15.	终生	zhōngshēng	名	all one's life
16.	侵害	qīnhài	动	to encroach on
17.	导致	dǎozhì	动	to lead to
18.	意识	yìshi	名／动	awareness, consciousness; to realize
19.	增强	zēngqiáng	动	to strengthen, to enhance
20.	存在	cúnzài	动	to exist

专业术语 Professional Terms

7-5

	生词	拼音	词性	释义
1.	版权	bǎnquán	名	copyright
2.	民事	mínshì	形	civil
3.	法人	fǎrén	名	legal person
4.	人身权	rénshēnquán	名	personal right
5.	权利	quánlì	名	right
6.	继承人	jìchéngrén	名	successor, inheritor
7.	维权	wéiquán	动	to safeguard legal rights
8.	盗版	dàobǎn	动／名	to pirate; copyright infringement
9.	违法	wéifǎ	动	to be illegal, to break the law

词语练习 Vocabulary Exercises

1. 读例句，学生词：朗读下面词语的用例，思考这些词语的用法。
Read and learn: Read aloud the example sentences of the following words and think about the usage of these words.

（1）享有

①人人都应当享有受教育的权利与机会。

②只有每个社会成员都享有自己的合法权利，遵守法律的规定，才能真正实现平等。

③ 这所大学在中国的教育史上享有非常重要的地位。

（2）欣赏

① 我们在欣赏动人的音乐时，往往会忽视它的作者。

② 我们站在山顶，欣赏着四周美丽的景色。

③ 老师和家长要引导学生以正确的态度欣赏文艺作品。

（3）永久

① 世界上没有任何东西是永久不变的。

② 年轻时，我们都认为爱情应当是永久的。

③ 我希望把这一切都拍下来，留作永久的纪念。

（4）终生

① 这是一个美好的夜晚，让我终生难忘。

② 越来越多的年轻人选择终身不结婚，这是一个重要的社会现象。

③ 他在美国留学期间养成了早睡早起的习惯，并且终生没有改变。

（5）侵害

① 近些年，社会上侵害青少年受教育权利的案件时有发生。

② 严重的空气污染侵害着我们的身体健康。

③ 这种产品能够防止强烈的阳光对皮肤的侵害。

（6）继承

① 徐悲鸿的儿子已经继承了他画马的艺术，并且取得了相当大的成就。

② 中华民族有许多传统美德，我们要一代代继承下去。

③ 所谓继承，应当是批判地继承，而不是照搬。

（7）导致

① 父母给孩子吃肉过多，导致肥胖儿童不断增加。

② 许多家长将儿童单独留在家中，导致儿童意外伤害事件经常发生。

③ 有一半被调查者认为网络将导致人与人之间关系疏远。

（8）意识

① 在比赛中，每一位队员都要有强烈的合作意识。

② 由于环境保护意识不强，许多企业在发展经济时忽视了环保的重要性。

③ 经老师提醒，他才意识到，考试结束的时间马上要到了。

2. 词语扩展：读一读下面的扩展形式，再写出两个。

Vocabulary development: Read the expanded forms of the words and write two more.

（1）原 –—— 原创　原告　______　______

（2）文 –—— 文字　文化　______　______

（3）– 性—— 专属性　永久性　______　______

（4）规 –/– 规 —— 规定　法规　______　______

（5）享有 —— 享有权利　享有美誉　______　______

3. 选词填空：读一读给出的生词，并选择合适的放在下列句子中。

Blank filling: Read the new words given and put the right ones in the following sentences.

作品	原创	欣赏	团体	继承	涉及

（1）作为一个知名艺术______，应该多演出一些积极健康的节目。

（2）我们要______传统文化中好的方面。

（3）这次展览的内容______社会、文化、经济、历史等各个方面。

（4）这首歌并不是他______的，而是一首来自美国的民歌。

（5）《三国演义》《西游记》《水浒传》《红楼梦》是中国历史上有名的四部文学______。

4. 将左边的词语和右边的解释连接起来。

Match the words on the left with the explanations on the right.

（1）民事权利	a. 法律对某一版权承认并进行保护的时间
（2）人身权	b. 按照法律规定继承财产的人
（3）继承人	c. 不具有财产内容，与人不能分开的有关权利
（4）版权保护期	d. 一个人（或团体）实施不实施某一行为的选择权

课文 2 Text 2

读前任务　Pre-Reading Task

著作权包括哪几个方面的特点？

著作权 7-6

当我们观看精彩的电影、欣赏动人的音乐时，一定都想知道，这些美丽的艺术作品出自谁之手，在法律上，这就涉及著作权。

著作权又叫版权，是文学、艺术、科学技术等作品的原创作者，按照法律的规定，对他们的作品所享有的民事权利。简单而言，著作权人对作品的发表、署名、修改等权利受到法律保护。

著作权具有以下几方面的特点：第一，著作权可以是个人享有，也可以为法人或团体所享有；第二，著作人身权*具有比较强的专属性，大部分情况下不能够转让和继承；第三，著作人身权具有永久性，作者终生享有这样的权利。在作者去世后，由其继承人对这一权利进行保护。

近些年来，关于著作权受到侵害而导致的法律案件时有发生，这一方面说明了作者的维权意识不断增强，另一方面也说明，社会上确实还存在着盗版、侵权的违法行为。

* 著作人身权包括发表权、署名权、修改权和保护作品完整权。

理解课文 Comprehension of the Text

1. 边读边画：读课文 2 第一、二段，画出下面问题的答案。
Read and mark: Read Paragraphs 1 and 2 of Text 2 and mark the answers to the following questions.

（1）著作权的定义是什么？举例说明。

（2）著作权主要包括哪些方面的权利？

2. 边读边填：读课文 2 第三段，完形填空。
Read and fill in the blanks: Read Paragraph 3 of Text 2 and then fill in the blanks.

（1）著作权可以是______享有，也可以为______所享有。

（2）著作人身权______比较强的______，大部分情况下不能够________和______。

（3）著作人身权具有______性，作者______享有这样的权利。在作者______后，由其继承人对这一权利进行______。

3. 框架复述：熟读课文 2 第四段，按照提示词进行复述。
Retell the framework: Read Paragraph 4 of Text 2 with proficiency and retell it based on the hints given.

近些年来，关于……而……时有发生，这一方面说明了……不断增强，另一方面也说明，社会上确实还……行为。

4. 概括全文大意。
Summarize the general idea of the passage.

第一段：________________________________

第二段：________________________________

第三段：________________________________

第四段：________________________________

学习书面词语与格式 Learn the Formal Words and Structures

1. 这些美丽的艺术作品**出自谁之手**

"出自……之手"意思是"……做的"。例如：

① 这些精美的丝绸出自苏州丝绸厂的工人之手。

② 我们这儿展览的摄影作品全部出自专业摄影师之手。

③ 谁也没料到，出自八岁儿童之手的书法作品获得了大赛的第一名。

2. 简单**而言**

"……而言"意思是"……来说""……说来"。常见的用法有"对/就……而言""以……而言"等。例如：

① 对他这样的年轻人而言，一夜不睡根本不算什么。

② 以目前中国的消费水平而言，5999元的笔记本电脑还是有点儿贵。

③ 简单而言，地球由两大部分构成，一部分是陆地，另一部分是海洋。

3. 也可以**为**法人或团体**所**享有

"为……所……"是书面被动式，其中的"为"也可以换成"被"，"所"后一般为动词性成分。"为/被A所+动词"就是"被A+动词"的意思。例如：

① 上海电影真正为世界所认识，已经是20世纪80年代以后的事情了。

② 这是一首为青年人所熟悉的歌曲。

③ 为了让人才为本国所用，政府想了各种办法吸引留学人员回国。

练一练

1. 选择正确答案。
Choose the correct answers.

（1）真没想到，这首豪放（háofàng, bold and unrestrained）的诗作竟然______一位年轻女子之手。（ ）

A 来自　　B 亲自　　C 自己　　D 出自

（2）______我现在的汉语水平______，根本无法读懂中文报纸。（　　）

A 由……来说　　B 以……而言

C 以……为主　　D 为……所

（3）这类教学参考书往往______中小学教师______喜爱。（　　）

A 为了……而……　　B 以……为……

C 而……却……　　D 为……所……

（4）作为一个国家的根本大法，宪法（xiànfǎ, constitution）______稳定性。（　　）

A 享有　　B 具有　　C 所有　　D 拥有

2. 用所给词语或格式改写句子。

Rewrite the sentences using the words or structures given.

（1）对健康的成人来说，饮用纯净水没有什么坏处，但是老人和孩子不宜多饮。（……而言）

______

（2）这本书因为语言生动，受到了读者的喜爱。（为……所）

______

（3）这个人的生活习惯，简单地说，就是一个字——懒。（简单而言）

______

（4）这部电影是一位年轻的编剧创作出来的。（出自……之手）

______

总结与评论 Review and Comment

1. 概述与总结 Summarize and review

（1）著作权具有什么样的特点？

（2）目前人们对著作权有怎样的认识？

2. 思考与表达 Think and express

在我们的日常生活中，盗版和侵权有哪些表现？举例说明一下。

5—6 学时　Class Hours 5—6

综合运用 Integrated Use

专业术语运用　Use of Professional Terms

1. 选词填空：读一读给出的专业术语，并选择合适的放在下列句子中。
Blank filling: Read the professional terms given and put the right ones in the following sentences.

诉讼	侵权	民事	版权	纠纷	权利

（1）被告也有为自己辩解的______。

（2）一年来，这位警察共处理了 100 多起各类民事______。

（3）你们随便使用别人的照片，这是______！

（4）病人家属以医生不认真负责为由，向法院提起了______。

（5）我们还没有购买这部电影的______，不能播出。

2. 概念速查：通过工具书或网络查一查下面这些术语的解释并写下来。
Look up the terms: Use a dictionary or website to find out the definitions of the following terms, and then write them down.

（1）修改权

（2）著作权归属

（3）胜诉 / 败诉

（4）提起上诉

（5）版权保护

语篇与功能　Discourse and Function

常用功能表达

1. 要求或禁止：要（应、应该、应当）/ 一定要 / 得 / 所有……，都要（必

须）……/ 不能（不得）/ 不准（不许）/ 别（少、禁止、严禁、请勿）

（1）我们去外地旅游时，应当尊重当地的风俗习惯。

（2）教学楼内禁止吸烟。

（3）新《中华人民共和国义务教育法》规定，不得将学校分为重点学校和非重点学校；学校不得分设重点班和非重点班。

2. 判断：断定 / 根据……判定（判断）/ 从……判断 / 肯定（一定）……，不然（否则）……

（1）从这个女子房间里找到了一些印章和证件，可以断定她是做假证的。

（2）大卫今天肯定身体不舒服，否则他一定会来上课的。

（3）从东西被偷的时间来判断，小偷对这家人的生活习惯非常熟悉。

练一练

1. 用本单元所学功能表达词语改写句子。

Rewrite the sentences using the words indicating functions learned in this unit.

（1）要求或禁止：不得

根据日本法律，二十岁以下的未成年人不能饮酒。

____

（2）要求或禁止：应当

教师在课堂上要关注学生的不同情况，做到因材施教。

____

（3）要求或禁止：严禁

寒假期间，各地中小学不能乱办班、乱补课、乱收费。

____

（4）判断：肯定……，不然……

昨天晚上你没好好睡觉吧，所以上课才会这么没精神。

____

（5）判断：根据……判定

我们不能仅仅根据这一件事，就认为以前的坏事也是他做的。

____

2. 读后填空：下面的短文后面有4个句子，每个句子都有一个空，读短文后在每个空上填写一个恰当的词语。
Read and fill in the blanks: The following passage is followed by four sentences, each of which has a blank in it. Read the passage and then write an appropriate word in each blank.

著名女作家起诉某编剧抄袭一案今日开庭审理。原告和被告委托代理律师到庭。原告律师诉称，该编剧执笔的某电视剧几乎完整套用了该女作家的小说和剧本，严重侵犯了她的改编权、摄制权。被告方的律师认为，该编剧虽然受女作家的影响较大，但剧中借鉴的一些情节是许多作品中都曾出现过的，不存在侵权行为。法官对此案没有当庭宣判。

（1）原告和被告都没有亲自到庭，他们都______了律师。

（2）女作家认为自己的著作权受到了______。

（3）该编剧的创作受女作家比较大的______。

（4）在该电视剧中，编剧______了女作家作品的某些情节。

交际与写作 Communication and Writing

1. 分组辩论。
Group discussion.

正方：网上下载音乐或视频是对原创作者著作权的侵犯。

反方：网上下载音乐或视频不是对原创作者著作权的侵犯。

参考句式：

（1）现在我来阐述我方观点……

（2）刚才对方辩友说……，但是我方认为……

（3）首先我们来阐释一下……的概念，……

（4）总结以上理由，我方认为……

（5）感谢对方辩友的精彩发言，但是……

2. 写一写：使用“要求或禁止”和“判断”的功能表达词语，介绍一下你们国家有关著作权法的规定，要求不少于200字。

Writing: Write a composition of at least 200 characters to introduce the copyright laws and regulations in your country, using words that indicate “requirement or prohibition” and “judgment”.

____

____

____

____

____

____

____

____

活学活用 Learn and Use with Flexibility

1. 读一读下面这个小案例，然后回答问题。

Read the following case and then answer the questions.

北京有一个秀水市场，前几天我和朋友在那里，以非常便宜的价钱买了一个“香奈儿（Chanel）”品牌的手包，今天又去那儿，发现这种包没有了。原来是法国香奈儿公司起诉了秀水市场和这个摊位，法院判决两位被告立刻停止销售这些产品，并赔偿原告经济损失两万元。

（1）“我”在秀水市场买的“香奈尔”手包会是真的吗？为什么？

（2）秀水市场和这个摊主违反了什么法律？法庭是怎么判决的？

2. 社会调查 Social survey

请你采访3—5位中外朋友，调查一下他们对考试抄袭、购买名牌伪造品以及购买、下载盗版软件（或音乐、视频）等行为的看法。

扩展阅读　Extended Reading

庭审现场——A公司手机是否抄袭了B公司手机

在经过了长达一年之久的争论后，两家名牌手机公司之间的专利案件进入庭审阶段。在第一次庭审中，双方律师展开了激烈的争论。B公司指责A公司抄袭其手机的某些功能，A公司则否认抄袭，认为自己只是在进行合法的市场竞争。

在庭审现场，B公司的律师对比了A公司的老款手机与新款智能手机，认为在B公司手机出现以后，A公司手机的变化很大，并指出，有了B公司的手机之后，A公司只有两个选择：一是接受挑战，进行创新；二是抄袭。抄袭显然比创新更容易。

庭审中还公开了B公司最早设计的手机，作为证人参加庭审的该公司设计师介绍了其设计过程，并对A公司的抄袭行为表示愤怒。

A公司的律师则提供了许多证据，指出大屏幕手机的设计并非B公司发明的，也曾受到过其他产品的启发，以此证明自己并不是抄袭

1. 庭审 *tíngshěn
2. 现场 xiànchǎng
3. 争论 zhēnglùn
4. 名牌 míngpái
5. 专利 *zhuānlì
6. 阶段 jiēduàn
7. 双方 shuāngfāng
8. 展开 zhǎnkāi
9. 激烈 jīliè
10. 功能 gōngnéng
11. 否认 fǒurèn
12. 合法 *héfǎ
13. 市场 shìchǎng
14. 对比 duìbǐ
15. 智能 zhìnéng
16. 挑战 tiǎozhàn
17. 创新 chuàngxīn
18. 证人 *zhèngrén
19. 愤怒 fènnù
20. 屏幕 píngmù
21. 产品 chǎnpǐn
22. 启发 qǐfā

者。他认为受到竞争者的激励不是什么错，甚至直接指出，B 公司手机的早期创意来自其他公司，并以此反击 B 公司侵权。

庭审现场插曲不断。据媒体报道，由于多次提交相关证据而不被法庭采纳，A 公司将证据交给媒体曝光，并表示这些没有被采纳的证据足以证明自己从未抄袭 B 公司的设计。

据了解，这场专利庭审大战将持续四周。随着一些机密文件的曝光，谁能笑到最后还是未知数。

23. 激励 jīlì
24. 反击 fǎnjī
25. 插曲 chāqǔ
26. 媒体 méitǐ
27. 报道 bàodào
28. 相关 xiāngguān
29. 采纳 cǎinà
30. 曝光 bàoguāng
31. 大战 dàzhàn
32. 持续 chíxù
33. 机密 jīmì
34. 文件 wénjiàn
35. 未知数 wèizhīshù

1. 读后回答问题。
Read the passage and then answer the questions.

（1）A、B 两个公司在庭审中分别表达了什么观点？

（2）为了支持自己的观点，双方各自提供了什么样的证据？

（3）除了法庭，A 公司还利用媒体做了什么？

2. 模拟庭审现场。
Simulate courtroom situations.

（1）选出一位同学担任法官，一位担任书记员（负责记录），另外三位同学担任评审团成员。

（2）把其余同学分为两组，一组代表 A 公司，另一组代表 B 公司，分别扮演原告、被告、原告律师、被告律师、原告方证人、被告方证人等角色。

（3）根据课文内容进行庭审模拟，可以进行合理的自由发挥。

学习总结　Learning Summary

1. 我了解到的法律知识：

____

____

2. 我能够运用的新词语：

____

____

3. 我能够运用的新格式：

____

____

4. 学了这一单元，我的收获是：

____

____

5. 我对这一单元的学习 □很满意　□比较满意　□不太满意　□不满意，原因是：

____

____

第八单元 Unit 8

谐音文化 The Homophonic Culture

学习目标 Learning Objectives

1. 了解专业知识：汉语会话中的文化内涵、表示客气的谦辞的使用
2. 掌握专业术语：谦辞、套话、语体、谐音、同音、歇后语
3. 使用书面词语与格式：体现在……中
   番
   与……相关的
   称
   数
   即
4. 进行功能表达：罗列（2）：像……，等等/……中……，……中……/
   有的……，有的……/有……，也有……/
   一方面……，另一方面……
   谦虚：哪里哪里/不敢当/马马虎虎/过奖/请批评/请指教/谈不上/只不过……罢了

1—2 学时　Class Hours 1—2

热身 Warm-up

1. 在你们国家，如果有人夸奖你，你该怎么回答？
2. 你称赞中国人的时候，他们怎么回答？观察下面两栏中的句子并找出规律。

A	B
你的英语真流利！	哪儿啊，还差得远呢。
你今天真漂亮！	哪里，哪里。
昨天你的发言太棒了！	过奖，过奖。
你唱歌唱得真好听！	哪里，哪里，你过奖了。
我觉得你是我们班最聪明的人！	不敢当，不敢当。
你代表我们班参加比赛吧！	不行不行，我水平还不够。

词语学习 Vocabulary Learning

通用词语　Common Words

8-1

	生词	拼音	词性	释义
1.	传统	chuántǒng	名	tradition
2.	损害	sǔnhài	动	to do harm to
3.	对待	duìdài	动	to treat, to deal with
4.	不敢当	bùgǎndāng	动	I really don’t deserve this, I’m flattered
5.	过奖	guòjiǎng	动	to overpraise, to flatter
6.	报告	bàogào	名	report, speech
7.	不妥之处	bùtuǒzhīchù		inappropriate part
8.	指教	zhǐjiào	动	to give advice

9.	真实	zhēnshí	形	real, authentic
10.	含义	hányì	名	meaning, connotation
11.	场合	chǎnghé	名	occasion, situation
12.	好客	hàokè	形	hospitable
13.	招待	zhāodài	动	to receive (guests)
14.	明明	míngmíng	副	obviously, clearly
15.	凑合	còuhe	动	to improvise, to make do
16.	番	fān	量	*a measure word for a process or action that takes time or effort*

专业术语 Professional Terms

8-2

	生词	拼音	词性	释义
1.	谦辞	qiāncí	名	self-depreciatory expression
2.	套话	tàohuà	名	polite formula, conventional verbal exchanges
3.	语体	yǔtǐ	名	(language) style

专有名词 Proper Noun

8-3

生词	拼音	释义
中华	Zhōnghuá	China

词语练习 Vocabulary Exercises

1. 朗读并查找：朗读生词表中的生词，并在课文中画出这些生词。

Read and search: Read aloud the new words in the vocabulary list and circle these words in the text.

2. 生词连线：写拼音，连英文。

Matching: Write down the *pinyin* of the new words and match them with the English explanations.

损害	sǔnhài	report, speech
对待	________	tradition
报告	________	meaning, connotation
含义	________	to treat, to deal with
传统	________	to do harm to
真实	________	to receive (guests)
招待	________	real, authentic

3. 词语扩展：读一读下面的扩展形式，再写出两个。

Vocabulary development: Read the expanded forms of the words and write two more.

（1）本－ —— 本人　本校　______　______

（2）－处 —— 好处　坏处　______　______

（3）招待 —— 招待客人　招待朋友　______　______

（4）真实 —— 真实的含义　真实的想法　______　______

（5）语体 —— 正式语体　日常语体　______　______

4. 选词填空：读一读给出的生词，并选择合适的放在下列句子中。

Blank filling: Read the new words given and put the right ones in the following sentences.

过奖　对待　凑合　传统　明明　番

（1）只有一张床，你在沙发上______一晚吧。

（2）我认真考虑了一______，最后决定明年再参加 HSK 考试。

（3）东西______放在这里，你怎么会找不到呢？

（4）他______别人很热情，大家都非常喜欢他。

（5）您______了，我真不敢当。

课文 1 Text 1

听前任务 Pre-Listening Task

听课文，尽量多地记录中国人常用的谦辞，听后与同学讨论并互相补充。

自己记录的	同学补充的

中国人的自谦 8-4

谦虚是中华民族的传统，中国人普遍认为，骄傲会带来损害，谦虚会让人得到好处。因此，中国人不喜欢自高自大、不谦虚的人。

在说英语的国家，当有人称赞自己时，人们一般会说“thank you”。但中国人对待别人的称赞，习惯用一些谦辞，像“哪里，哪里”“还差得远呢”“马马虎虎”“不敢当”“过奖”，等等。

中国学者在会议上做报告，结束时喜欢按照习惯说几句谦虚话：“本人能力有限，刚才所谈，定有不妥之处，望大家多多指教。”这些话，几乎成了套话，人人都可以用，也都明白它的真实含义。

这种谦虚不仅体现在一些正式场合和语体中，也体现在日常生活中。中国人很好客，招待客人时，明明做了一桌子饭菜，却很客气地说：“没什么菜，凑合着吃吧。”接受别人的礼物时，中国人常说“您花什么钱呀”“买这些东西干什么呀”。送礼物的人也会客气一番，说“一点儿小意思”“真拿不出手”。

因此，想学好汉语，只学习语言知识是不够的，还必须学习与汉语相关的文化。

理解课文 Comprehension of the Text

1. 根据课文内容，说说下面的情况应该怎样回应？

Talk about how to respond in the following situations based on the text.

在说英语的国家，有人说你什么事做得很好时，人们一般会说	
在中国，对待别人的称赞，中国人一般会说	
在中国，会议报告中的套话是	
中国人招待客人时可能会说	
在中国，送礼物的人会这样说	

2. 根据课文内容判断正误。

Decide whether the following statements are right or wrong based on the text.

（1）在中国，如果得到了别人的称赞，一般都回答“谢谢！”。（ ）

（2）中国学者做报告时，文中确实有不妥之处。（ ）

（3）中国人招待客人时做的菜很多，却说很少。（ ）

（4）中国人不喜欢接受别人的礼物。（ ）

（5）在中国，送礼物的人常常买便宜的礼物。（ ）

3. 给下列句子归类，并将题号填在下方的表格中。

Classify the following sentences and write their numbers in the table.

对待别人称赞时的谦辞	正式场合的谦辞	日常生活中的谦辞

（1）哪里，哪里，还差得远呢。

（2）没什么菜，凑合着吃吧。

（3）本人能力有限，不妥之处，望大家批评。

（4）不敢当，您过奖了。

（5）一点儿小意思，真拿不出手。

学习书面词语与格式 Learn the Formal Words and Structures

1. 这种谦虚不仅**体现在**一些正式场合和语体**中**，也**体现在**日常生活**中**

“中”可以指过程或范围，“体现在……中”是“表现在……方面 / 过程中”的意思。例如：

① 他的热情体现在很多小事中。

② 妈妈对我的爱体现在每天的生活中。

③ 我们这一个月的努力都体现在了这份报告中。

练一练：用“体现在……中”改写句子。
Rewrite the sentences using “体现在……中”.

（1）做什么都要遵守时间，在学习方面，就是要按时上课，不能迟到。

____

（2）他对待工作的认真态度在每天的工作中都能表现出来。

____

（3）从他的谈话中，能感觉出他对中国的喜爱。

____

（4）通过他写的文章，我们能知道他的个人爱好。

____

2. 送礼物的人也会客气**一番**

“番”，量词，用于心思、言语、过程等，前面的数词常为“一”或“几”。多用于费时较多、用力较大或过程较长的动作。例如：

① 这个问题我要回家好好研究一番。

② 我思考了一番，终于下定了决心。

③ 他们讨论了一番之后决定做一个关于丝绸之路的报告。

练一练：选择“遍、次、下、番”填空。
Fill in the blanks using “遍”, “次”, “下”, or “番”.

（1）请大家打开书，读三______生词。

（2）下课了，大家休息一______吧。

（3）我吃过两______烤鸭，真好吃。

（4）我费了一______力气，最后也没成功。

3. 还必须学习**与汉语相关的**文化

“与……相关的”意思是“跟……有关系的”，做定语修饰后面的名词。例如：

① 我总喜欢跟朋友谈论与电影相关的话题。

② 这几年，与环境污染相关的疾病越来越多。

③ 与中国教育相关的知识我都很感兴趣。

练一练：用“与……相关的”回答问题。
Answer the questions using “与……相关的”.

（1）你喜欢看什么方面的书？

____

（2）你常跟朋友聊什么样的话题？

____

（3）你打算大学学习什么专业？

____

（4）以后你想做什么方面的工作？

____

总结与评论 Review and Comment

1. 概述与总结 Summarize and review

（1）课文中说了哪几种自谦的情况？

（2）你对中国人的自谦有没有不理解的地方？为什么？

（3）你怎么评价中国人的自谦？

2. 思考与表达 Think and express

在你的国家出现课文中的情况时，人们通常怎样应答？

3—4 学时　Class Hours 3—4

热身　Warm-up

1. 中国人过春节时，为什么在家门上贴一个倒着的“福”字？
2. 很多中国人喜欢数字 8，不喜欢 4，你知道为什么吗？

词语学习　Vocabulary Learning

通用词语　Common Words

8-5

	生词	拼音	词性	释义
1.	相当	xiāngdāng	副	quite, rather
2.	造成	zàochéng	动	to cause, to bring about
3.	范围	fànwéi	名	scope, range
4.	冻	dòng	动	to freeze
5.	动人	dòngrén	形	moving, touching
6.	取得	qǔdé	动	to achieve, to get
7.	出人意料	chūrényìliào		unexpected
8.	匆匆	cōngcōng	形	hurried, in a rush
9.	冲	chōng	动	to wash away
10.	突出	tūchū	动	to highlight, to emphasize
11.	保留	bǎoliú	动	to retain, to reserve
12.	可口	kěkǒu	形	tasty, delicious
13.	息息相关	xīxī-xiāngguān		to be closely related (to)

专业术语　Professional Terms

8-6

	生词	拼音	词性	释义
1.	谐音	xiéyīn	动	to be homophonic

2.	同音	tóngyīn		to have the same pronunciation
3.	近音	jìnyīn		to have similar pronunciation
4.	一语双关	yìyǔ-shuāngguān		a word or phrase with a double meaning
5.	歇后语	xiēhòuyǔ	名	a two-part allegorical saying

词语练习 Vocabulary Exercises

1. 读例句，学生词：朗读下面词语的用例，思考这些词语的用法。
Read and learn: Read aloud the example sentences of the following words and think about the usage of these words.

（1）相当

① 他学了很长时间汉语了，汉语水平相当高。

② 这种现象会在相当长的一段时间内存在。

③ 汉语口语跟书面语有相当大的不同。

（2）造成

① 他的马虎造成了工作中的严重失误。

② 由于公司管理不严格，造成了很大的浪费。

③ 这种教育方式对孩子造成的伤害是很严重的。

（3）范围

① 这次考试的范围是1—9课。

② 孩子们的活动范围很大，包括室内和室外。

③ 这项新规定明年将在全国范围内实行。

（4）取得

① 我们对很多问题都取得了新的认识。

② 这种教学方法在很多学校都取得了良好的效果。

③ 改革顺利进行并取得了成功。

（5）保留

① 我至今还保留着他送给我的礼物。

② 我们的课本中保留了大量与民族文化相关的内容。

③ 现在一些没有文字的民族还保留着用实物记事的方法。

（6）突出

① 写文章时要突出重点。

② 这个广告突出了产品的特点，让人印象深刻。

③ 他们公司的问题突出表现在两个方面。

2. 词语扩展：读一读下面的扩展形式，再写出两个。

Vocabulary development: Read the expanded forms of the words and write two more.

（1）– 音 —— 谐音　语音　______　______

（2）– 成 —— 造成　变成　______　______

（3）– 界 —— 世界　外界　______　______

（4）现象 —— 自然现象　社会现象　________　________

（5）取得 —— 取得好成绩　取得信任　________　________

3. 选词填空：读一读给出的生词，并选择合适的放在下列句子中。

Blank filling: Read the new words given and put the right ones in the following sentences.

造成　一语双关　出人意料　息息相关　匆匆　动人

（1）大家都没想到他突然回国了，太________了。

（2）他的失误给我们________了很大的损失。

（3）自然环境跟人类的生存________。

（4）他爱上了那个美丽________的姑娘。

（5）谐音在文学作品中常常达到________的效果。

4. 将下列语言现象与合适的术语连起来。

Match the language phenomena with the right terms.

（1）“衣”跟“依”发音一样。 a. 谐音

（2）“coca”跟“可口”发音差不多。 b. 声母

（3）“本人”这个词中，“本”是语言中最小的有意义的语言单位。 c. 语素

（4）有的人用 88 表示“bye-bye”（再见）的意思。 d. 同音

（5）“pǎo”这个音节中，“p”是音节中的什么？ e. 近音

（6）“道是无晴却有晴”表面上谈天气，实际上表达了感情。 f. 双关

课文 2 Text 2

读前任务 Pre-Reading Task

课文中主要介绍了汉语的什么文化？与汉语的哪个方面有关系？

谐音文化

8-7

2013 年 1 月 4 日，很多中国年轻人选择在这一天结婚，为什么呢？因为 201314 读起来好像“爱你一生一世”。春节时，很多人家门口都贴着一个倒着的“福”字，是因为“福倒了”跟“福到了”发音一样。这些语言现象就称为谐音。

汉语一般一个字一个音节，加上声调，汉语中实际使用的音节只有 1300 多个。用 1300 多个音节表示汉语数万个语素的音，因此同音语素或近音语素的数量相当多，这就为谐音的出现提供了可能。

谐音即用同音字词或者近音字词得到不同的意义，造成一语双关的效果。谐音的运用范围很广泛，歇后语中有很大一部分谐音，例如：大冬天穿裙子——美丽冻人（美丽动人），说明年轻的女孩儿为了漂亮不怕寒冷，语言幽默。广告语言也常常利用谐音来取得出人意料的效果。比

如，厕所中的提示语“来也匆匆，去也冲冲”，就是利用“匆匆”和“冲冲”的谐音，提醒人们使用厕所后要冲水，既幽默又突出重点。在引入外来语时，最好既能保留原来的语音，又能表达原意。比如：Coca-Cola翻译为“可口可乐”，与原来的发音近似，又表达了“美味可口，让人快乐”的意思，是一个运用谐音的好例子。

汉语中丰富的谐音，不仅反映了汉语本身的特点，也与中国文化息息相关，它们是汉语世界中不可缺少的一部分。

理解课文　Comprehension of the Text

1. 边读边画：读课文 2 第一段，画出下面问题的答案。
   Read and mark: Read Paragraph 1 of Text 2 and mark the answers to the following questions.

   （1）为什么很多中国年轻人选择在 2013 年 1 月 4 号这一天结婚？

   （2）春节时，很多人家门口贴什么？为什么？

   （3）这种语言现象称为什么？

2. 边读边填：读课文 2 第二段，完形填空。
   Read and fill in the blanks: Read Paragraph 2 of Text 2 and then fill in the blanks.

   汉语一般一个______一个______，加上______，汉语中实际使用的音节只有 1300 多个。用 1300 多个音节表示汉语______个语素的音，因此______语素或______语素的数量相当多，这就为______的出现提供了______。

3. 边读边找：读课文 2 第三段，完成下面的表格。
   Read and search: Read Paragraph 3 of Text 2 and complete the table below.

谐音就是	
歇后语中运用谐音的效果是	
广告中利用谐音改造成语的效果是	
翻译运用谐音的效果是	

4. 框架复述：熟读课文 2 第四段，按照提示词进行复述。

Retell the framework: Read Paragraph 4 of Text 2 with proficiency and retell it based on the hints given.

汉语中丰富的……，不仅反映了……，也……，它们是……。

5. 概括全文大意。

Summarize the general idea of the passage.

第一段：____________________

第二段：____________________

第三段：____________________

第四段：____________________

学习书面词语与格式 Learn the Formal Words and Structures

1. 这些语言现象就**称**为谐音

“称”，动词，意思是叫，叫作。常用“称……为……”“把……称为/称作……”“又称……”等形式。例如：

① 孩子们喜欢称张老师为张妈妈。

② 中国人常常把外国人称为老外。

③ 西红柿又称番茄。

2. 用 1300 多个音节表示汉语**数**万个语素的音

“数”，数词，意思是几，几个。可直接用于量词前，如“数年”，也可与“十、百、千、万、亿”等数词结合后用于量词前。例如：

① 经过数月的努力，他们终于成功了。

② 花园里有数十种花儿。

③ 这个公司有数千名员工。

3. 谐音**即**用同音字词或者近音字词得到不同的意义

“即”，表示判断，意思是“就是”。用于书面语。例如：

① 周树人即鲁迅。

② 结婚前一年，即 1998 年，他换了一份新工作。

③ 形声字即用形旁和声旁两个部件构成的汉字。

练一练

1. 选择与画线词语意思相近的词。

Choose the synonyms of the underlined words.

（1）元宵节又被称为灯节。（　　）

A 叫作　　B 等于　　C 作为　　D 当作

（2）“爱人”指的是配偶，即丈夫或者妻子。（　　）

A 只是　　B 就是　　C 即使　　D 既然

（3）数年之后，他还清楚地记得这段学习生活。（　　）

A 一年　　B 几十年　　C 十几年　　D 几年

2. 用所给词语或格式改写句子。

Rewrite the sentences using the words or structures given.

（1）我们都叫他大哥哥。　　（称）

____

（2）自行车也叫单车。　　（又称）

____

（3）有人说，教育就是生活。（即）

____

（4）他出生的地方，也就是上海，现在变化很大。（即）

____

（5）飞机大概几小时后就会到达目的地。（数）

____

总结与评论 Review and Comment

1. 概述与总结 Summarize and review

（1）课文中列举了哪些谐音的例子？

（2）你对哪种谐音现象印象最深刻？为什么？

2. 思考与表达 Think and express

你的母语中是否也有谐音现象？举例介绍一下。

5—6 学时 Class Hours 5—6

综合运用 Integrated Use

专业术语运用 Use of Professional Terms

1. 选词填空：读一读给出的专业术语，并选择合适的放在下列句子中。
Blank filling: Read the professional terms given and put the right ones in the following sentences.

同音	语体	套话	谦辞	谐音	歇后语

（1）中国人说“有时间来我家玩儿啊”，不一定是真的邀请你，这可能只是一句______。

（2）“孔夫子搬家——净是输（书）”是用谐音造成的一句______。

（3）这两个词意思相同，______不同，一个多用于口语中，一个多用于书面语中。

（4）汉语中同音词和近音词的数量非常丰富，为______现象的出现提供了可能。

（5）我最喜欢用的______是“您过奖了”。

2. 概念速查：通过工具书或网络查一查下面这些术语的解释并写下来。
Look up the terms: Use a dictionary or website to find out the definitions of the following terms, and then write them down.

（1）拟人

（2）夸张

（3）比喻

（4）音译

（5）意译

语篇与功能 Discourse and Function

常用功能表达

1. 罗列（2）：像……，等等/……中……，……中……/有的……，有的……/有……，也有……/一方面……，另一方面……

（1）中国人对待别人的称赞，习惯用一些谦辞，像“哪里，哪里”“还差得远呢”“马马虎虎”“不敢当”“过奖”，等等。

（2）儒家思想已经融入中国社会的各个层面：日常生活中，人们遵照儒家礼仪待人处事；思想观念中，儒家思想成为人们判断是非的道德标准；国际交往中，中国人强调“以和为贵，和而不同”。

（3）每到傍晚时分，运动场上热闹极了，有的人在慢跑，有的人在打太极拳，有的人在踢足球，还有的人一边跟朋友聊天儿，一边活动着身体。

2. 谦虚：哪里哪里/不敢当/马马虎虎/过奖/请批评/请指教/谈不上/只不过……罢了

（1）A：你的汉语说得真好！

B：哪里哪里，还差得远呢。

（2）A：这次比赛你赢得了冠军，真了不起！

B：您过奖了，都是大家的功劳。

（3）我只不过是略懂一些汉语知识罢了，谈不上对汉语有研究。

练一练

1. 用本单元所学功能表达词语写句子。

Write the sentences using the words indicating functions learned in this unit.

（1）罗列：……中……，……中……

这种产品的作用是多方面的。①日常生活：帮助家庭主妇做家务。②工作：提高工作效率。③出外旅行：减轻行李重量。

____

____

（2）罗列：像……，等等

我非常喜欢运动，比如：打篮球、踢足球、跑步、游泳……

____

（3）谦虚：不敢当

A：你真是一个中国通！

B：____

（4）谦虚：过奖

A：你的画儿太棒啦！我从来没看过这么美的画儿！

B：____

（5）谦虚：只不过……罢了，请指教

A：听说你新出版了一本深受广大读者喜爱的书，祝贺！祝贺！

B：____

2. 语义匹配：选择一个正确答案完成句子。

Semantic matching: Choose a right answer to complete each sentence.

（1）歇后语常常使用同音或者近音字词，造成______的效果。（　　）

A 令人惊讶　　B 一语双关　　C 出人意料　　D 十全十美

（2）妈妈常常这样教育我："谦虚会让人______，做人一定要谦虚。"（　　）

A 带来损害　　B 得到好处　　C 让人失望　　D 让人重视

（3）当别人送给我礼物时，我应该说："______。"（　　）

A 一点儿小意思　　B 真拿不出手

C 您花什么钱呀　　D 我太高兴了

（4）人类的生存与自然环境______，因此我们一定要保护好我们的地球。（　　）

A 息息相关　　B 出人意料

C 完美结合　　D 久而久之

（5）汉语用少量的音节表示数万个语素的音，所以同音语素或近音语素______。（　）

A 范围很广泛　　　　B 特点十分突出

C 效果很明显　　　　D 数量相当多

交际与写作　Communication and Writing

1. 小组讨论：用下面的句式与你的同学就自谦或者谐音文化进行讨论。
Group discussion: Use the following sentence patterns to discuss the self-depreciatory expressions or homophonic culture with your classmates.

询问：你对……是怎么看的？/你对……有什么看法？/
你能介绍一下……吗？

应答：我个人认为……/对……，我的观点是……/
对……我是这么看的，……/是这样的，……

深究：能说得具体一点儿吗？/你能再说说……吗？/你不觉得……吗？

总结：总之，……/总而言之，……/一句话，……/反正我觉得……

2. 写一写：使用“罗列”这一功能的表达词语，写一写你母语中的文化现象，要求不少于200字。
Writing: Write a composition of at least 200 characters to describe the cultural phenomena in your native language, using words of enumeration.

____

____

____

____

____

____

____

____

活学活用　Learn and Use with Flexibility

1. 读一读下面这个相声，读后完成下面的表格。
Read the following cross-talk and complete the table.

相声——《汉语趣谈》

甲：相声啊，是一门语言的艺术，其实汉语本身就是文化和艺术。

乙：可不是嘛！什么过春节的时候吃鱼——年年有余！吃年糕——年年高！

甲：你就知道吃！吃了还不给钱！

乙：你才白痴（白吃）呢！

甲：这不前几天，听大学同学说，有个英语单词，翻译成汉语，让一个老外学了半个多月。

乙：什么单词啊，有那么难？

甲：就是 WIFE。

乙：嘿！我以为是什么呢，不就是妻子嘛！

甲：但在中国，还有很多解释！比如说：配偶、老婆、夫人、太太、爱人、内人、媳妇、那口子、贤内助、老伴儿、孩子他妈、糟糠、宝贝、贱内、屋里的、另一半、当家的 、发妻……

乙：我的天啊，晕！我都快吐血啦！

甲：汉语呀，也有简单的时候。

乙：有吗？

甲：有啊，比如说简化，就是把一个很长的词减成两个字的词。

乙：啊，这个我听说过，非常有用，可以节省大量时间。

甲：但有时候一减，就不是那回事儿啦！

乙：不可能啊！

甲：我听说，一个工厂派人到外边参观学习，组织者讲话的时候觉得一个地方的名字加上厂名太长了，来个简化吧，这个是大船的！

乙：什么？还小船呢！

甲：这是大连造船厂的。还有上吊的！

乙：等等，这是要出人命啊，什么叫上吊啊！

甲：啊！上海吊车厂的。

乙：吓我一跳！

我发现的语言现象	文中具体的例子

2. 社会调查 Social survey

通过书报、网络等查找资料，寻找中国人生活中的谐音现象，进行简单的归纳整理，下次课上发言。

扩展阅读 Extended Reading

你被“亲”了吗

真没想到，一个常见的“亲”字，突然之间流行了起来。

最早是在网上购物时，听到“亲，包邮哦”“亲，快来抢购哦”，一口一个“亲”字，叫得人心头发热，不能不佩服商家的聪明。

“亲”字的流行，从语言学角度来说，和

1. 抢购 qiǎnggòu
2. 佩服 pèifú
3. 商家 shāngjiā
4. 语言学 *yǔyánxué
5. 角度 jiǎodù

社会的心理需求有关。自上世纪70年代末以来，社会称谓推陈出新。开始是"先生""小姐"重新流行，说明人的尊严重新得到尊重。接着"师傅""老师""老板"一个一个出现，反映了随着社会的发展，人们的内心深处正在发生变化。不久以后，中国式思维进入称谓当中。人们以兄弟姐妹相称，亲属化色彩越来越浓。为了表现内心的真诚，私密性的称谓进入公共领域，"宝贝"和"亲爱的"开始出现。"亲"其实就是"亲爱的"的最新形态。人们把"亲爱的"说成"亲"，正是为了分享创造的快乐。

当然，"亲"字的流行，同样也体现着语言生活中的经济性原则。汉语文化有"惜墨如金"的传统，这一传统最初和书写材料有关。毕竟要在龟甲兽骨上多刻一个字，都是不容易的事！今天，则和时间观念有关，"惜墨如金"首先是因为"惜时如金"。人们希望用最短的时间，交流更丰富的信息。于是，缩略就成了一种重要的表达手段，"亲爱的"也就缩略成了"亲"。

除了上面两点外，我觉得"亲"字的流行，还和语言表达的得体性有关。所谓得体，就是要考虑说话的对象、说话的场合和说话的分寸。"亲爱的"这个词私密性太强，社会并没有普遍认可。那么就必须对"亲爱的"加以改造。可为什么缩略成"亲"而不是缩略成"爱"呢？

6. 心理 xīnlǐ
7. 年代 niándài
8. 称谓 *chēngwèi
9. 推陈出新 tuīchén-chūxīn
10. 尊严 zūnyán
11. 思维 sīwéi
12. 亲属 qīnshǔ
13. 色彩 sècǎi
14. 浓 nóng
15. 真诚 zhēnchéng
16. 私密 sīmì
17. 领域 lǐngyù
18. 宝贝 bǎobèi
19. 亲爱 qīn'ài
20. 分享 fēnxiǎng
21. 创造 chuàngzào
22. 原则 yuánzé
23. 惜墨如金 xīmò-rújīn
24. 毕竟 bìjìng
25. 龟甲 guījiǎ
26. 骨 gǔ
27. 观念 guānniàn
28. 缩略 *suōlüè
29. 得体 détǐ
30. 所谓 suǒwèi
31. 对象 duìxiàng
32. 分寸 fēncun
33. 认可 rènkě

这也是有所考虑的。“亲”突出了亲热成分而减弱了暧昧色彩，这样，既可以保留“亲爱的”的原意，又可以在一定程度上，消解某些人的心理不适，从而提高这个词语在使用中的得体性。事实证明，这次改造是成功的。

从“亲爱的”到“亲”，让我感觉到了汉语别样的可爱。

34. 减弱 jiǎnruò
35. 暧昧 àimèi
36. 程度 chéngdù
37. 消解 xiāojiě
38. 从而 cóng'ér

1. 读后回答问题。
Read the passage and then answer the questions.

（1）“亲”这个称呼是从哪儿开始流行的？

（2）从语言学角度来说，“亲”的流行跟什么有关？

（3）“亲”的流行，体现了语言生活中的什么原则？

（4）除了上述两点以外，“亲”的流行还跟什么有关？

（5）为什么“亲”流行了，而不是“亲爱的”和“爱”？

2. 除了“亲”以外，你还知道哪些流行语，可以问问你的中国朋友。试着分析一下这些流行语出现的原因。
Besides“亲”, what other catchwords do you know? You can ask your Chinese friends. Try to find out the reasons for the emergence of these catchwords.

学习总结 Learning Summary

1. 我了解到的自谦、谐音文化等知识：

____

____

2. 我能够运用的新词语：

____

____

3. 我能够运用的新格式：

____

____

4. 学了这一单元，我的收获是：

____

____

5. 我对这一单元的学习 □很满意　□比较满意　□不太满意　□不满意，原因是：

____

____

生词总表 Vocabulary List

通用词语 Common Words

B				
保留	bǎoliú	动	to retain, to reserve	8
保障	bǎozhàng	动 / 名	to ensure; guarantee	3
报告	bàogào	名	report, speech	8
编	biān	动	to compile, to edit	5
编剧	biānjù	名	screenwriter	7
标记	biāojì	动 / 名	to mark, to label; marker	4
表达	biǎodá	动	to express, to indicate	1
不敢当	bùgǎndāng	动	I really don't deserve this, I'm flattered	8
不妥之处	bùtuǒzhīchù		inappropriate part	8
部	bù	量	*a measure word for TV series, films, etc.*	7
C				
草木	cǎomù		vegetation	4
册	cè	量	volume	6
产生	chǎnshēng	动	to exert	5
场合	chǎnghé	名	occasion, situation	8
抄袭	chāoxí	动	to plagiarize	7
称赞	chēngzàn	动	to praise, to commend	1
成家	chéngjiā	动	(of a man) to get married	3
成语	chéngyǔ	名	idiom	6
成员	chéngyuán	名	member	3
充满	chōngmǎn	动	to be full of	4

冲	chōng	动	to wash away	8
出人意料	chūrényìliào		unexpected	8
出使	chūshǐ	动	to be sent on a diplomatic mission	2
出自	chūzì	动	to come from	7
除去	chúqù	动	to get rid of, to remove	4
除夕	chúxī	名	Chinese New Year's Eve	4
穿	chuān	动	to string	6
传递	chuándì	动	to pass on	6
传统	chuántǒng	名	tradition	8
床位	chuángwèi	名	bed	3
瓷器	cíqì	名	porcelain	2
匆匆	cōngcōng	形	hurried, in a rush	8
凑合	còuhe	动	to improvise, to make do	8
存在	cúnzài	动	to exist	7
D				
大声	dà shēng		loud	5
代替	dàitì	动	to replace	6
刀锋	dāofēng	名	edge of a knife or sword, etc.	4
导致	dǎozhì	动	to lead to	7
捣	dǎo	动	to smash	6
地位	dìwèi	名	status, position	6
调查	diàochá	动	to investigate	6
动人	dòngrén	形	moving, touching	8
冻	dòng	动	to freeze	8
对待	duìdài	动	to treat, to deal with	8
对于	duìyú	介	with regard to, on	2

F

发表	fābiǎo	动	to publish, to issue	7
发明	fāmíng	名 / 动	invention; to invent	2
番	fān	量	*a measure word for a process or action that takes time or effort*	8
反映	fǎnyìng	动	to reflect, to show	7
范围	fànwéi	名	scope, range	8
方式	fāngshì	名	way, method	1
服务	fúwù	动	to serve; service	3
符号	fúhào	名	symbol	4

G

改编	gǎibiān	动	to adapt (a book, play, etc.)	6
改革	gǎigé	动	to reform	5
干涉	gānshè	动	to interfere, to meddle	3
工地	gōngdì	名	construction site	5
工具	gōngjù	名	tool	1
公开信	gōngkāixìn	名	open letter	7
公元前	gōngyuánqián		B. C. (Before Christ)	2
贡献	gòngxiàn	名	contribution	6
沟通	gōutōng	动	to communicate	7
构成	gòuchéng	名	constituent	1
关注	guānzhù	动	to pay close attention to	5
观看	guānkàn	动	to see, to watch	7
广泛	guǎngfàn	形	extensive	3
归功于	guīgōng yú		to attribute to, to owe to	6
贵重	guìzhòng	形	valuable, precious	2

过奖	guòjiǎng	动	to overpraise, to flatter	8
H				
含义	hányì	名	meaning, connotation	8
好运	hǎoyùn	名	good luck	4
好客	hàokè	形	hospitable	8
忽视	hūshì	动	to ignore, to neglect	3
壶	hú	名	kettle, pot	4
婚礼	hūnlǐ	名	wedding ceremony	1
婚姻	hūnyīn	名	marriage	3
活	huó	动 / 形	to live; alive	5
获得	huòdé	动	to get, to obtain	2
J				
机构	jīgòu	名	organization, institution	3
基本	jīběn	形	fundamental, basic	1
记录	jìlù	动	to keep a record of	4
继承	jìchéng	动	to inherit	7
寂寞	jìmò	形	lonely	3
家庭	jiātíng	名	family	3
家喻户晓	jiāyù-hùxiǎo		well-known	6
价值	jiàzhí	名	value	6
嫁	jià	动	(of a woman) to marry	3
简称	jiǎnchēng	名	abbreviation, short form	5
简化	jiǎnhuà	动	to simplify	1
见证	jiànzhèng	名 / 动	witness; to witness	2
建设	jiànshè	动	to build, to construct	1
将	jiāng	介	*used to introduce the object before a verb*	3

浆	jiāng	名	pulp	6
交际	jiāojì	动	to communicate	1
交流	jiāoliú	动	to communicate, to exchange	2
教科书	jiàokēshū	名	textbook	6
界限	jièxiàn	名	boundary, limit	1
进入	jìnrù	动	to enter	5
进行	jìnxíng	动	to carry out, to conduct	2
精美	jīngměi	形	exquisite, elegant	2
就近	jiùjìn	副	(to do or get something) nearby	3
居住	jūzhù	动	to live	3
具体	jùtǐ	形	specific, concrete	4
K				
看望	kànwàng	动	to call on, to visit	3
可口	kěkǒu	形	tasty, delicious	8
L				
老伴儿	lǎobànr	名	spouse (husband or wife)	3
类	lèi	量	type, category	4
类型	lèixíng	名	type, kind	4
冷落	lěngluò	动	to give (somebody) a cold shoulder, to treat coldly	3
离婚	líhūn	动	to divorce	3
立刻	lìkè	副	immediately	5
晾	liàng	动	to dry in the air	6
留恋	liúliàn	动	to recall with nostalgia	4
M				
满足	mǎnzú	动	to satisfy, to meet	3

茂盛	màoshèng	形	lush, flourishing	4
贸易	màoyì	名	trade	2
面对	miànduì	动	to face, to confront	7
面红耳赤	miànhóng-ěrchì		to become red in the face, to flush with shame or anger	3
描画	miáohuà	动	to draw, to describe	4
明明	míngmíng	副	obviously, clearly	8
命运	mìngyùn	名	fortune	5
某	mǒu	代	certain, some	3
目	mù		eye	1
目前	mùqián	名	at present	3
N				
脑筋	nǎojīn	名	brains, mind, head	6
闹笑话	nào xiàohua		to make a fool of oneself	1
能否	néng fǒu		whether can or not	5
农业	nóngyè	名	agriculture, farming	1
女士	nǚshì	名	Ms., lady	7
O				
偶然	ǒurán	形 / 副	by accident; accidentally	7
P				
皮	pí	名	bark, skin, peel	6
篇幅	piānfú	名	length (of an article)	6
铺	pū	动	to spread, to lay	6
Q				
期间	qījiān	名	period, duration	5
谦虚	qiānxū	形	modest	1

强	qiáng	形	strong	7
强调	qiángdiào	动	to stress, to emphasize	3
强迫	qiǎngpò	动	to force	3
桥梁	qiáoliáng	名	bridge	2
巧合	qiǎohé	名	coincidence	7
侵害	qīnhài	动	to encroach on	7
青春	qīngchūn	名	youth	7
情节	qíngjié	名	plot	7
取得	qǔdé	动	to achieve, to get	8
去世	qùshì	动	to pass away	3
劝说	quànshuō	动	to try to persuade	3
R				
热播	rèbō	动	to get a lot of airplay, (of a TV show) to be popular	7
人类	rénlèi	名	human, mankind	1
人民	rénmín	名	the people	1
人物	rénwù	名	character, figure	6
刃	rèn	名	edge of a knife or sword, etc.	4
认定	rèndìng	动	to affirm, to firmly believe	7
认同	rèntóng	动	to approve	2
如此	rúcǐ	代	so, such	5
如何	rúhé	代	how	7
S				
设计	shèjì	动	to design	7
设施	shèshī	名	installation, facility	3
社会	shèhuì	名	society	5

涉及	shèjí	动	to involve	7
升	shēng	动	to rise, to ascend	1
生动	shēngdòng	形	vivid	6
生机	shēngjī	名	vitality	4
绳子	shéngzi	名	rope	6
失眠	shīmián	动	to lose sleep, to suffer from insomnia	5
实施	shíshī	动	to put into effect, to implement	3
实验	shíyàn	名	experiment	6
世纪	shìjì	名	century	2
市	shì	名	city	3
事件	shìjiàn	名	event, incident	6
事物	shìwù	名	thing, object	4
书籍	shūjí	名	books	6
署名	shǔmíng	动	to sign one's name	7
率领	shuàilǐng	动	to lead, to command	2
说辞	shuōcí	名	excuse, plea	7
说法	shuōfǎ	名	version (of a story), statement	2
丝绸	sīchóu	名	silk	2
思想家	sīxiǎngjiā	名	thinker, ideologist	5
损害	sǔnhài	动	to do harm to	8
T				
态度	tàidù	名	attitude	6
同样	tóngyàng	形	same	5
头痛	tóu tòng		headache	5
突出	tūchū	动	to highlight, to emphasize	8
土质	tǔzhì	名	soil properties	2

团体	tuántǐ	名	organization, group	7
退休	tuìxiū	动	to retire	3
W				
网络	wǎngluò	名	(the) Internet, network	7
伟大	wěidà	形	great	5
温暖	wēnnuǎn	形	warm	4
文明	wénmíng	名	civilization	2
文学	wénxué	名	literature	6
闻名	wénmíng	动	famous, well-known	2
物品	wùpǐn	名	object, article	2
X				
西服	xīfú	名	suit, Western-style clothes	1
息息相关	xīxī-xiāngguān		to be closely related (to)	8
席子	xízi	名	mat	6
媳妇	xífu	名	wife (*colloquial expression*)	1
戏	xì	名	drama, play	7
戏剧	xìjù	名	drama	6
系统	xìtǒng	名 / 形	system; systematic	4
显然	xiǎnrán	形	obvious	5
显示	xiǎnshì	动	to show	3
现代	xiàndài	名	modern times	1
现象	xiànxiàng	名	phenomenon (*pl.* phenomena)	5
限制	xiànzhì	动	to limit	5
相当	xiāngdāng	动	to be equivalent	6
相当	xiāngdāng	副	quite, rather	8
相似	xiāngsì	形	similar	1

享有	xiǎngyǒu	动	to enjoy (rights, prestige, etc.)	7
想象	xiǎngxiàng	动	to imagine	6
象征	xiàngzhēng	动	to symbolize, to stand for	4
孝顺	xiàoshùn	动	to show filial piety	3
欣赏	xīnshǎng	动	to appreciate, to enjoy	7
新郎	xīnláng	名	bridegroom	1
新娘	xīnniáng	名	bride	1
行为	xíngwéi	名	behavior	5
形成	xíngchéng	动	to form	1
形式	xíngshì	名	form	1
形状	xíngzhuàng	名	shape	4
兄弟	xiōngdì	名	brothers	3
栩栩如生	xǔxǔ-rúshēng		true to life	6
宣传	xuānchuán	动	to propagandize, to publicize	2
学富五车	xuéfùwǔchē		to be wealthy in knowledge	6

Y

严谨	yánjǐn	形	rigorous, precise	6
沿	yán	介	along	2
沿用	yányòng	动	to continue to use	6
研究	yánjiū	动	to research, to study	2
演变	yǎnbiàn	动	to evolve	4
演化	yǎnhuà	动	to evolve	2
要素	yàosù	名	element	1
夜晚	yèwǎn	名	night	4
一辈子	yíbèizi	名	lifetime, all one's life	3
疑问	yíwèn	名	doubt, question	2

艺术	yìshù	名	art	2
意识	yìshi	名 / 动	awareness, consciousness; to realize	7
意义	yìyì	名	meaning	1
音译	yīnyì	名 / 动	transliteration; to transliterate	2
迎接	yíngjiē	动	to welcome, to usher in	4
拥有	yōngyǒu	动	to possess, to have	3
永久	yǒngjiǔ	形	permanent	7
悠久	yōujiǔ	形	long-standing	6
幼苗	yòumiáo	名	seedling	4
玉石	yùshí	名	jade	2
原创	yuánchuàng	动	to create, to be original	7
源源不断	yuányuán-búduàn		to flow in an endless stream	2
愿望	yuànwàng	名	wish	3
约	yuē	副	about, approximately	6
Z				
再婚	zàihūn	动	to remarry	3
造成	zàochéng	动	to cause, to bring about	8
则	zé	连	*a conjunction indicating contrast*	5
怎样	zěnyàng	代	how	7
增强	zēngqiáng	动	to strengthen, to enhance	7
招待	zhāodài	动	to receive (guests)	8
真实	zhēnshí	形	real, authentic	8
争议	zhēngyì	动	to dispute, to argue	3
整齐	zhěngqí	形	orderly, neat	1
之	zhī	助	*an auxiliary word*	2
指导	zhǐdǎo	动	to guide, to direct	5

指教	zhǐjiào	动	to give advice	8
指责	zhǐzé	动	to criticize, to find fault with	7
至于	zhìyú	介	as for, with regard to	7
制度	zhìdù	名	system	5
终生	zhōngshēng	名	all one's life	7
周到	zhōudào	形	thoughtful, considerate	5
竹片	zhúpiàn	名	bamboo strip	6
主张	zhǔzhāng	动 / 名	to advocate; proposition	5
煮	zhǔ	动	to boil	6
专属	zhuān shǔ		exclusive	7
转让	zhuǎnràng	动	to transfer	7
装	zhuāng	动	to load	6
自由	zìyóu	名 / 形	freedom; free	3
宗教	zōngjiào	名	religion	2
作品	zuòpǐn	名	works	7

专业术语 Professional Terms

A				
案件	ànjiàn	名	(legal) case	3
案子	ànzi	名	(legal) case	3
B				
版权	bǎnquán	名	copyright	7
被告	bèigào	名	defendant	3
笔画	bǐhuà	名	stroke(s) of a Chinese character	4
编年体	biānniántǐ	名	annalistic style (in historiography)	6
表意文字	biǎoyì wénzì		ideographic writing system	4

表音文字	biǎoyīn wénzì		phonographic writing system	4
部件	bùjiàn	名	component of a character	4
C				
蔡伦	Cài Lún		Cai Lun, the inventor of paper	6
昌南	Chāngnán		Changnan, name of a place	2
长安	Cháng'ān	名	Chang'an, the present-day Xi'an	2
撤诉	chèsù	动	to withdraw a lawsuit	3
初等教育	chūděng jiàoyù		primary education	5
词汇	cíhuì	名	vocabulary	1
词序	cíxù	名	word order	1
词组	cízǔ	名	phrase	1
D				
单音节	dānyīnjié		monosyllable	1
盗版	dàobǎn	动 / 名	to pirate; copyright infringement	7
东汉	Dōng Hàn	名	Eastern Han Dynasty (25-220 AD)	6
独体字	dútǐzì		independent character	4
多音字	duōyīnzì	名	polyphonic character	1
F				
发音	fāyīn	名	pronunciation	1
法人	fǎrén	名	legal person	7
法庭	fǎtíng	名	court, courtroom	3
法院	fǎyuàn	名	court, courthouse	3
辅音	fǔyīn	名	consonant	1
复辅音	fùfǔyīn	名	consonant cluster	1
G				
高等教育	gāoděng jiàoyù		higher education	5
高等学校	gāoděng xuéxiào		institution of higher education, colleges and universities	5

高考	gāokǎo	名	national higher education entrance examination	5
古罗马	Gǔ Luómǎ		ancient Rome	2
古文	gǔwén	名	Chinese script before the Qin Dynasty (221-206 BC)	4
H				
汉（朝）	Hàn(cháo)	名	Han Dynasty	2
汉武帝	Hànwǔdì		Emperor Hanwu, the 6th emperor of the Han Dynasty	2
汉字	Hànzì	名	Chinese character	1
合体字	hétǐzì		compound character	4
黄帝	Huángdì	名	the Yellow Emperor, a legendary ruler and ancestor of the Chinese people	6
会意	huìyì	名	associative compound	4
J				
纪传体	jìzhuàntǐ	名	biographical style (in historiography)	6
继承人	jìchéngrén	名	successor, inheritor	7
家长	jiāzhǎng	名	parents	5
甲骨文	jiǎgǔwén	名	oracle bone inscriptions	4
教学	jiàoxué	名	teaching	5
教育部	jiàoyùbù		Ministry of Education	5
教育家	jiàoyùjiā	名	educationist	5
近音	jìnyīn		to have similar pronunciation	8
纠纷	jiūfēn	名	dispute	7
K				
考生	kǎoshēng	名	examinee	5

孔子	Kǒngzǐ		Confucius, an educationist and philosopher of the Spring and Autumn Period (770-476 BC)	5
L				
量词	liàngcí	名	measure word	1
M				
民事	mínshì	形	civil	7
名词	míngcí	名	noun	1
明朝	Míngcháo	名	Ming Dynasty	2
P				
判决	pànjué	动	to bring in a verdict	3
偏旁	piānpáng	名	radical on one side of a character	4
Q				
起诉	qǐsù	动	to sue, to prosecute	3
谦辞	qiāncí	名	self-depreciatory expression	8
侵权	qīnquán	动	to infringe a right	7
权利	quánlì	名	right	7
权益	quányì	名	rights and interests	3
R				
人身权	rénshēnquán	名	personal right	7
入学	rùxué	动	to be enrolled in	5
S				
赡养	shànyǎng	动	to support, to provide for (one's parents or elderly)	3
声调	shēngdiào	名	tone	1
声旁	shēngpáng	名	phonetic component	4
史官	shǐguān	名	historiographer	6

《史记》	Shǐ Jì		*Records of the Grand Historian*, the first biographical history of ancient China by Sima Qian	6
使臣	shǐchén	名	diplomatic envoy	2
数词	shùcí	名	numeral	1
双音节	shuāngyīnjié		disyllable	1
丝绸之路	Sīchóuzhīlù		the Silk Road	2
司马迁	Sīmǎ Qiān		Sima Qian, a historian in the Western Han Dynasty (206 BC-25 AD)	6
四大发明	sì dà fāmíng		Four Great Inventions	2
诉讼	sùsòng	动	to take legal action	7
T				
唐（朝）	Táng(cháo)	名	Tang Dynasty	2
套话	tàohuà	名	polite formula, conventional verbal exchanges	8
条款	tiáokuǎn	名	clause, provision	3
通史	tōngshǐ	名	general history	6
同音	tóngyīn		to have the same pronunciation	8
W				
违法	wéifǎ	动	to be illegal, to break the law	7
维权	wéiquán	动	to safeguard legal rights	7
X				
西域	Xīyù	名	Western Regions, regions west of Yumen Pass after the Han Dynasty	2
项羽	Xiàng Yǔ		Xiang Yu, a prominent warlord in the late Qin Dynasty	6

象形	xiàngxíng	名	pictographic character	4
歇后语	xiēhòuyǔ	名	a two-part allegorical saying	8
谐音	xiéyīn	动	to be homophonic	8
形旁	xíngpáng	名	semantic component	4
形声	xíngshēng	名	pictophonetic compound	4
虚词	xūcí	名	function word	1
学前教育	xuéqián jiàoyù		preschool education	5
Y				
一语双关	yìyǔ-shuāngguān		a word or phrase with a double meaning	8
因材施教	yīncái-shījiào		to teach students according to their aptitude	5
音节	yīnjié	名	syllable	1
语素	yǔsù	名	morpheme	1
语体	yǔtǐ	名	(language) style	8
语义	yǔyì	名	semantics	1
语音	yǔyīn	名	speech sound	1
元音	yuányīn	名	vowel	1
原告	yuángào	名	plaintiff	3
Z				
张骞	Zhāng Qiān		Zhang Qian, a famous ancient Chinese official and diplomat	2
郑和	Zhèng Hé		Zheng He, a famous ancient Chinese mariner and explorer	2
指事	zhǐshì	名	indicative character	4
中等教育	zhōngděng jiàoyù		secondary education	5
中级人民法院	zhōngjí rénmín fǎyuàn		intermediate people's court	7

竹简	zhújiǎn	名	bamboo slip	6
著作权	zhùzuòquán	名	copyright	7
字母	zìmǔ	名	letter(s) of an alphabet	4
字形	zìxíng	名	character form	1

专有名词 Proper Nouns

A			
阿拉伯	Ālābó	Arabia	2
D			
大卫	Dàwèi	David	1
敦煌	Dūnhuáng	Dunhuang, a major stop on the ancient Silk Road, best known for the nearby Mogao Caves	2
F			
非洲	Fēizhōu	Africa	2
佛教	Fójiào	Buddhism	2
G			
公西华	Gōngxī Huá	Gongxi Hua, an outstanding student of Confucius	5
L			
拉丁语	Lādīngyǔ	Latin (language)	2
M			
玛丽	Mǎlì	Mary	1
麦克	Màikè	Mike	1
莫高窟	Mògāokū	Mogao Caves	2
莫桑比克	Mòsāngbǐkè	Mozambique	2
O			
欧洲	Ōuzhōu	Europe	2

R			
冉有	Rǎn Yǒu	Ran You, an outstanding student of Confucius	5
T			
汤姆	Tāngmǔ	Tom	1
Y			
亚洲	Yàzhōu	Asia	2
Z			
中华	Zhōnghuá	China	8
子路	Zǐlù	Zilu, an outstanding student of Confucius	5